JN084967

Create the Future We Want with SDGs

未来をつくる道具 わたしたちのSDGs

川廷 昌弘／著

ナツメ社

Introduction

「持続可能な開発目標（Sustainable Development Goals＝SDGs）」が2015年に国連で採択されて以来、世界中の人々がこの目標を共有して2030年に向かって歩んでいます。いや、多くの人がSDGsに期待しているというのが正しいかもしれません。これまでにも、未来に向けてみんなで歩んでいこうという試みはありました。しかし、SDGsは今までにないとても優れたものだと思っています。

SDGsは、直接つながりのある人とも、ない人とも、どんな思いでどんなことに取り組んでいるのかを共有することができる、コミュニケーション・ツールです。未来に向けて自分にできることで役に立ちたい！ とがんばっている人たちにとっては、勇気を分かち合えるツールとなるでしょう。この本では、SDGsが優れている理由や、SDGs達成に向けて僕がどんな思いで行動しているのかをお伝えします。

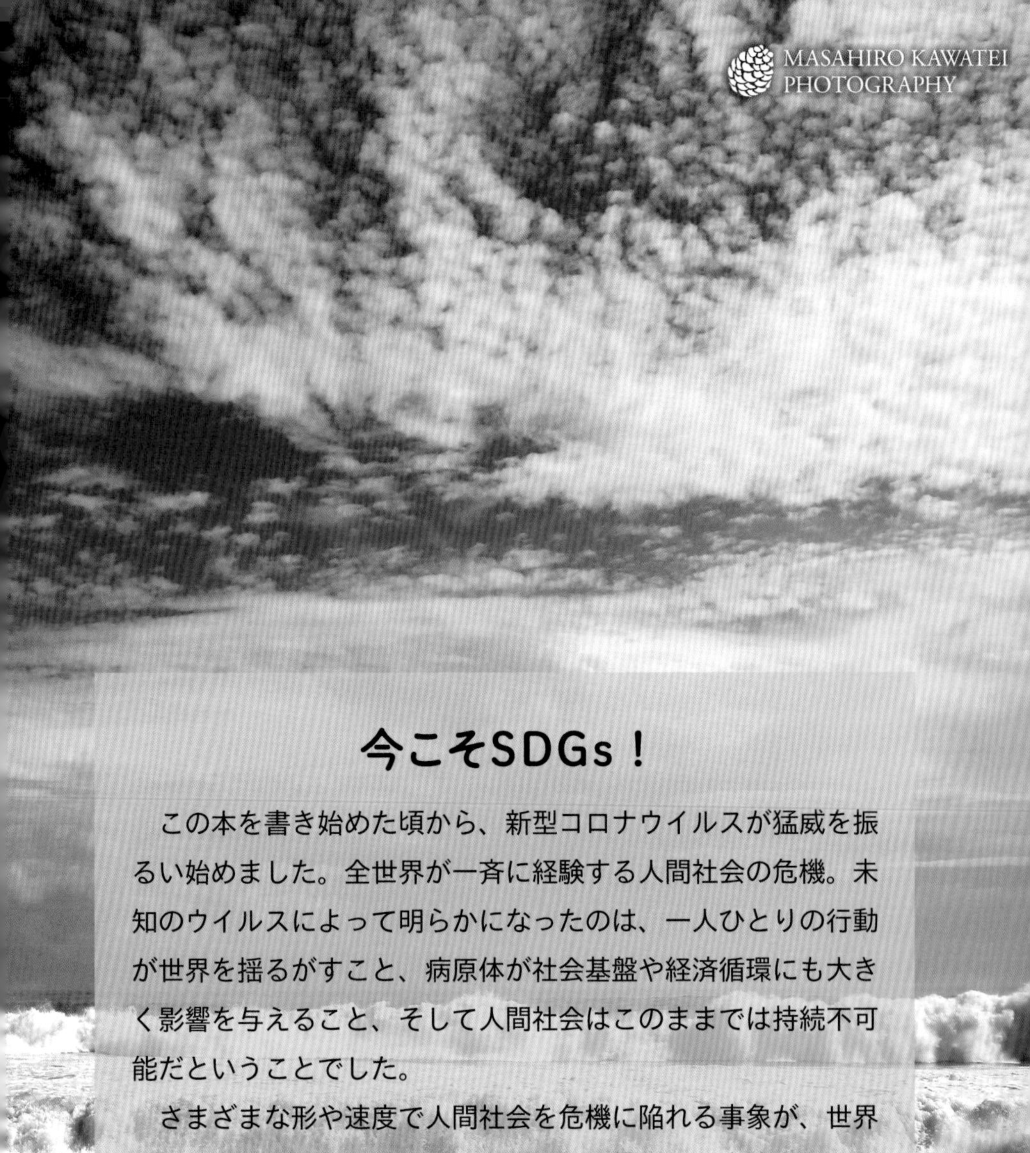

今こそSDGs！

この本を書き始めた頃から、新型コロナウイルスが猛威を振るい始めました。全世界が一斉に経験する人間社会の危機。未知のウイルスによって明らかになったのは、一人ひとりの行動が世界を揺るがすこと、病原体が社会基盤や経済循環にも大きく影響を与えること、そして人間社会はこのままでは持続不可能だということでした。

さまざまな形や速度で人間社会を危機に陥れる事象が、世界中で次々に起こっています。一瞬にして物理的な崩壊をもたらす地震や気象による災害。じわじわと体の中から蝕んでいく病原体。長い時間をかけて地球にダメージを与える温室効果ガス。このような課題に対して、自分たちの命を守るために、「持続可能な社会をつくるにはどうすればよいか？」をだれもが常に考える。そのツールとしてまとめられたのがSDGsです。人間社会に危機が迫っている今こそ、SDGsが必要なのです。

“地球の健康”のために行動を変える

僕は、2005年から取り組んだCO_2削減を目指す地球温暖化防止国民運動「チーム・マイナス６％」の仕事をきっかけに、社会・環境問題に関する行動変容について考えるようになりました。本来であれば、行動を変えるためにはまず意識を変える、と考えます。たとえば、“自分の健康”に関わることだと、危機感から行動を変えることができますよね。しかし、社会・環境問題など“地球の健康”と言われても、なかなか実感がわかず行動を変えることは難しい……。

そこで、「夏は上着を脱ぎたい、ネクタイをはずしたい」という欲求に環境省が着目。ネクタイをはずすと体感温度が2℃下がるという研究結果があり、「エネルギー消費を抑えるためにエアコンの設定温度を変える」という“地球の健康”対策になる「クールビズ」を生み出したのです。これは、ノーネクタイ・ノージャケットという“ファッション”で行動変容を促す、価値転換による温暖化対策でした。

だれもが共感する行動を社会・環境問題に紐付けることで、課題が認識しやすくなり、行動変容から意識変容する人も現れ、時間をかけて多くの人のライフスタイルに影響を及ぼすことができる。そう考えるようになり、これ以降、後述する社会・環境問題に関する企画を実施していきました。

キーワードは「自然との共生」

“地球の健康”を考えるうえで、僕にとって重要なテーマのひとつが生物多様性です。京都議定書に定められたCO_2の６％削減の中で、森林吸収分は3.8%と大きく期待されていました。2008年に、林野庁の国民運動「フォレスト・サポーターズ」に仕事で携わる機会に恵まれ、森林の多面的機能をわかりやすく伝える取り組みを手がけました。

この業務を通して、林業家の速水亨さん（→P.161）と知り合いました。生産現場である山で自然のもつ力を最大限に発揮させる知恵や技術をお聞きして、林業において温暖化対策と生物多様性の保全を同時に考える必然性を理解しました。

2010年に名古屋で開催された「生物多様性条約第10回締約国会議（COP10）」では、会社業務として日本政府の映像を制作する一方、NGOの一員として本会議で公式スピーチを行うことを実現させ、「コミュニケーション・教育・普及啓発（CEPA）」の決議を変えるという貴重な成功体験をしました。

この会議で日本政府は、生物多様性条約事務局が2050年まで掲げるビジョンのキーワードとして、「Living in harmony with nature（自然との共生）」を提案しました。諸外国の政府団は「harmony」という単語を用いた意図がわからず反対しましたが、日本政府は次のように説明し、理解を得ることができました。国土の約67%が森林に覆われた島国である日本で、津波や気候災害に見舞われながらも自然に対して畏敬の念を抱き、自然とともに生きてきた生活文化で育まれた感覚を「harmony」という単語に託したと。日本の生活文化で育まれたこの感性は、SDGsにも欠かせないと思っています。

僕のSDGsへの歩み

たとえば「いただきます」という日本語。これは、いただく“命”、育んでくれる“自然”、生産・収穫などの“労働”、安心安全に食べられるようにする“知恵”、そして何より一緒にごはんを食べる“家族や仲間”、それらすべてへの「感謝」を表します。このたったひと言の日本語が、生産の現場から流通、そして食卓までをつなぎ、数多くの感謝を表現しています。素敵な感性ですよね。生物多様性という概念は、日本の暮らしに溶け込んでいるのです。

もうひとつ大切なことがあります。水源地に思いを馳せることです。命の源であるけれど、命を脅かすこともある水について、私たちは無関心すぎました。分水嶺で区切られる自然の地図を俯瞰すると、流域圏でひとつの生態系が育まれており、その中に人間の暮らしがあるということがわかります。この領域では、鶴見川流域ネットワーキング代表理事である岸由二さんの「流域思考」（→P.147）から多くを学びました。

このように僕は、気候変動や生物多様性、森林保全をはじめ、震災復興、再生可能エネルギー、持続可能な開発のための教育（ESD）、企業の社会的責任（CSR）などに関する課題の共有や解決に向けて、会社の仕事だけでなく、非営利活動や写真家としての活動の中で、各テーマの連関に気付いていきました。しかし、だれもが持続可能な社会を目指しているにもかかわらず、テーマやフィールド別のコミュニティに分散しているように感じていました。これをひとつの運動体にまとめる大きな“傘”のようなしくみが必要だと思っていましたが、僕にはそれ以上の知恵がありませんでした。

SDGsで自分を変える、未来が変わる

2012年、「国連持続可能な開発会議（リオ+20）」を契機に、持続可能な社会に向けた新たな議論が始まりました。僕はこれが求めていた大きな“傘”だと直感して、動き始めました。その“傘”がSDGsだったのです。

SDGsに向き合う僕のパワーの源は、2015年春から慶應義塾大学大学院教授の蟹江憲史さん（→P.32）と何度も語り合い、研究者と企業人の立場を超えて想いをガッチリ共有できたことでした。蟹江さんは「本気のSDGs」と言い続けていますが、僕の毎日もこの“本気”を追求するものとなっています。

2015年に仙台で開催された「第３回国連防災世界会議」では、宮城県南三陸町で開催された女性たちによる公式サイドイベントをサポートし、地域社会における女性のリーダーシップについて考える機会となりました。「レジリエント」を「強靭な」と訳さず「しなやかな」という日本語にすることで、社会づくりの方向性はまるで変わるということに気付きました。

また2017年には、智の巨人と言われた南方熊楠（みなかたくまぐす）のセミナーと写真展を各地の図書館で開催。彼は自分が住む南紀で、「風景を利用して土地の繁栄を計る工夫をするがよい。追々交通が便利になって見よ。必ずこの風景と空気が第一等の金儲けの種になる」と、100年も前にサステナブルツーリズムを伝えています。日本各地にSDGsに欠かせない感性があふれているのです。

「SDGsで自分を変える、未来が変わる」。これは、友人が付けてくれた僕の講演タイトルです。この本を手に取ってくださったみなさんにとって、SDGsが“自分ごとに”なることを心から願っています。

Contents

SUSTAINABLE DEVELOPMENT GOALS

1 貧困をなくそう
2 飢餓をゼロに
3 すべての人に健康と福祉を
4 質の高い教育をみんなに
5 ジェンダー平等を実現しよう
6 安全な水とトイレを世界中に
7 エネルギーをみんなにそしてクリーンに
8 働きがいも経済成長も
9 産業と技術革新の基盤をつくろう
10 人や国の不平等をなくそう
11 住み続けられるまちづくりを
12 つくる責任つかう責任
13 気候変動に具体的な対策を
14 海の豊かさを守ろう
15 陸の豊かさも守ろう
16 平和と公正をすべての人に
17 パートナーシップで目標を達成しよう

SDGs(持続可能な開発目標)とは
〈英語〉https://www.un.org/sustainabledevelopment/sustainable-development-goals/
〈日本語〉https://www.unic.or.jp/activities/economic_social_development/sustainable_development/2030agenda/

※本書の内容は国連の見解ではありません

Chapter 1

SDGsって何？

2015年9月22日、SDGsの採択に先立ち、ニューヨークの国連本部はカラフルなプロジェクションマッピングで彩られた（→P.24）

©UN Photo/Cia Pak

1 SDGs採択までの道のり

『成長の限界』から始まった物語

地球のさまざまな資源は、“億年単位”の歩みの中でつくり上げられてきました。しかし産業革命以降、人間は“百年単位”という短いスパンで、資源消費と環境汚染により地球に急激な変化を与えています。危機感を抱いた各国の有識者が、1969年に民間組織「ローマクラブ」を設立し、「地球は、加速度的に成長する人間社会を許容できるのだろうか？すべての人間が欲求する社会とどの程度まで両立できるのだろうか？」という問いを立てました。

ローマクラブは1972年に、アメリカ・マサチューセッツ工科大学への委嘱研究の結果に見解を加えた報告書『成長の限界（The Limits to Growth）』を発表。「このまま人口増加、環境汚染、資源消費などが続けば、100年以内に地球上の成長は限界に達する」と警鐘を鳴らしました。つまり、地球の資源は有限であり、いかに未来世代のために努力するか私たちの意思が問われるということを訴えたのです。

『成長の限界』の発表は、1972年の「国連人間環境会議」開催に合わせたものでした。この会議は、環境問題について考える世界初の政府間会合です。「かけがえのない地球（Only One Earth）」をスローガンに、人間環境の保全と向上へと世界の人々を励まし導くための共通見解と原則が必要だとした「人間環境宣言」が採択されました。この国連人間環境会議こそが、SDGs採択に向かう第一歩だと言えるでしょう。

マサチューセッツ工科大学のデニス・メドウズらがまとめた『成長の限界（The Limits to Growth）』原書

環境保全から、社会開発から、防災減災から、未来を考える

国連人間環境会議から始まった政府間会合は、国連の依頼により、1983年に「環境と開発に関する世界委員会（ブルントラント委員会）」

国連における持続可能な社会に向けた議論の潮流

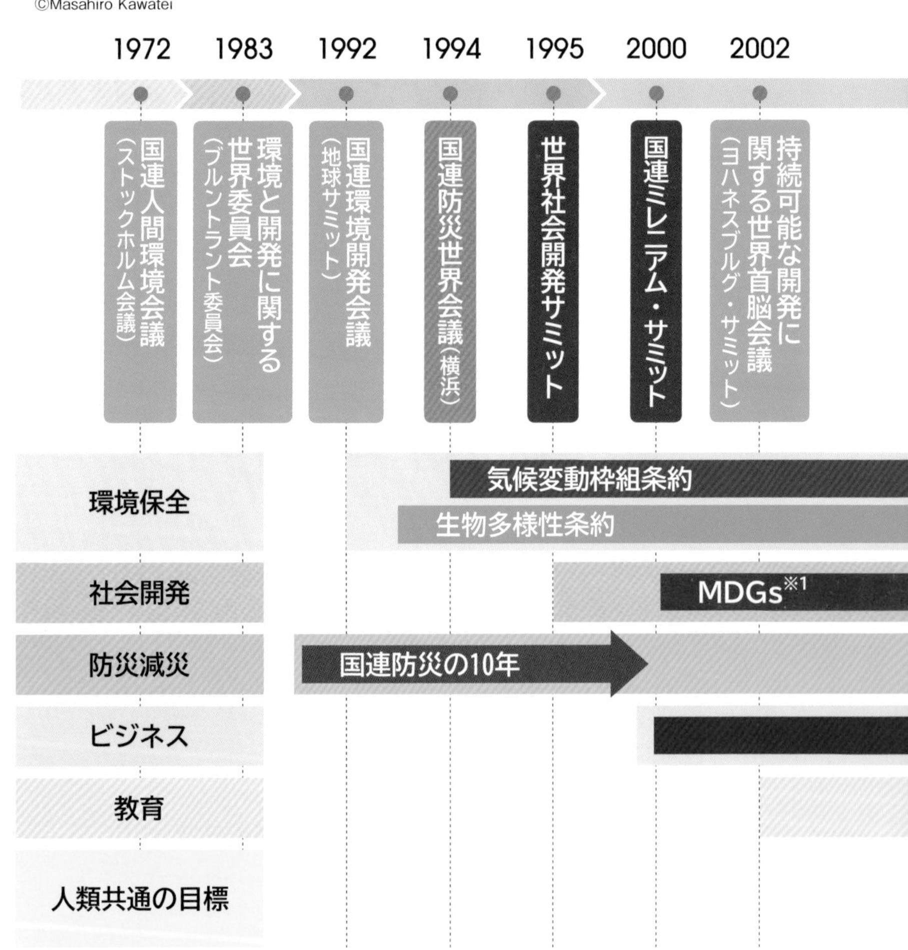

※1 MDGs：Millennium Development Goals（ミレニアム開発目標）。2015年を達成期限とする、開発分野における国際社会共通の目標。（→P.16）

を設置。同委員会は、1987年にまとめた国連総会宛ての報告書『我ら共有の未来（Our Common Future)』の中で、「将来の世代の欲求を満たしつつ、現在の世代の欲求も満足させるような開発」＝「持続可能な開発」の表現を初めて用いて、提唱を行いました。

国連は1992年に、「国連環境開発会議（地球サミット)」をブラジル

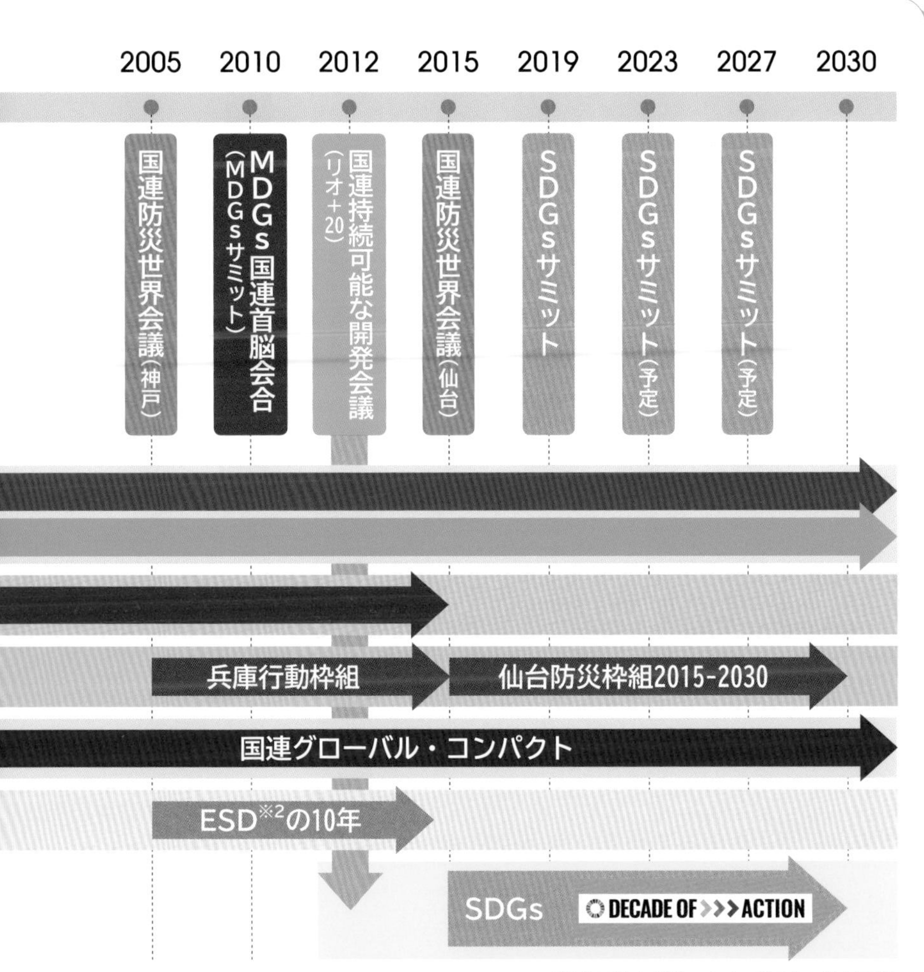

※2 ESD：Education for Sustainable Development（持続可能な開発のための教育）。持続可能な社会づくりの担い手を育む教育のこと。（→P.18）

のリオデジャネイロで開催。このサミットで採択された40章から成る「アジェンダ21」は、地球上の社会、経済、環境の側面と、女性・子どもと若者・先住民族・非営利組織・地方自治体・労働組合・産業界・科学技術団体・農民の９つの主要なグループが果たす役割など、持続可能な開発のための21世紀に向けた行動計画でした。そして「気候変動枠組条約」と「生物多様性条約」の署名が開始され、双子の条約が誕生したと言われるなど、数多くの成果を挙げた環境会議となりました。

10年後の2002年、南アフリカのヨハネスブルグで「持続可能な開発に関する世界首脳会議」が開かれ、「持続可能な開発に関するヨハネスブルグ宣言」と実施計画が合意されました。これは「アジェンダ21」の見直しなどを含む170項目から成る11のアプローチを採択したもので、SDGsに極めて近い内容が網羅されたのです。

国連は、このように環境保全から持続可能な開発に取り組む一方で、創設以来の柱である、開発途上国の経済開発において重要な、すべての人のよりよい生活を実現する社会開発にも取り組んでいます。

1995年、国際社会が貧困や失業、社会の崩壊と向き合うために、国連は「世界社会開発サミット」を開催し、「社会開発のためのコペンハーゲン宣言」を採択。対象は開発途上国でしたが、先進国も一緒になって各国協調の国際行動で問題解決を目指すものでした。

この社会開発の分野で大きなできごとが起こります。2000年に開催された「国連ミレニアム・サミット」で、極度の貧困を解消し公平な社会を構築するための「国連ミレニアム宣言」が承認されたのです。この宣言は、2015年を達成期限とする貧困・教育・ジェンダー・健康・環境など８つのゴールを定め、その工程を具体的に示しました。これが、SDGsの前身とも言われている「ミレニアム開発目標（Millennium Development Goals＝MDGs）」です。2010年に開催された「MDGs国連首脳会合」で、行動計画などを採択して参加国に対策を促したこともあり、MDGsの多くが達成されるか進捗しました。

ちなみに、日本は、1964年の東京オリンピックの2年後まで、世界

2000年9月に開催された国連ミレニアム・サミット ©UN Photo

銀行から支援を受ける戦後復興国でした。近年まで、生活水準向上のために環境を破壊しながら社会開発をしてきた経験がある国として、持続可能な開発に向けて学び得たものを語れる国であると言えます。

さらに国連は、持続可能な社会に向けた新たな課題として、1990年代を「国連防災の10年」と定めました。そして、21世紀の防災指針を策定するための「国連防災世界会議」を、日本政府の働きかけによって1994年に横浜で初めて開催。以降10年ごとに、神戸、仙台とすべて日本で開催し、議論を深めてきました。2015年には「仙台防災枠組2015-2030」を採択するなど、災害リスク削減や気候変動の適応策（→P.62、147）に取り組む必要性を強調しています。

このように国連では、環境保全、社会開発、防災減災から、持続可能な社会を考える議論を重ねてきました。しかし、いずれの問題も、国連機関や政府間会合だけで解決できるものではありません。そこで国連が注目したのが企業です。

ビジネスと教育からも問題解決を

20世紀後半は、1989年にベルリンの壁が崩壊、1991年にソビエト連邦が消滅し、東西冷戦が終結。世界はグローバル化の時代に突入しました。巨大化していく企業は、利益追求の弊害として、大規模な環境破壊や、劣悪な職場での女性の過重労働や児童労働といった人権問題など、経済優先による環境・社会問題を引き起こし、国家や国連機関だけではこれらの問題を解決できなくなっていました。

そこで、当時のアナン国連事務総長が、1999年の「世界経済フォーラム年次総会（ダボス会議）」で、「民間企業のもつ創造力を結集し、弱い立場にある人々の願いや、未来世代の必要に応えていく『人間の顔をしたグローバリゼーション』に取り組んでいこう」と呼びかけました。

これを受けて、2000年にニューヨークの国連本部で「国連グローバル・コンパクト（United Nations Global Compact＝UNGC）」が発足しました。これは、企業・団体が責任あるリーダーシップを発揮することで持続可能な成長を実現するための世界的な枠組みで、2020年6月現在、約160か国で1万4000以上（日本では360超）の企業・団体が署名し、4分野（人権、労働、環境、腐敗防止）で10原則を遵守した主体的な活動を展開しています。

しかし、持続可能な社会づくりは現在世代だけで実現できるものではありません。そこで、人材育成は不可欠という考えのもと、日本政府は2002年の「持続可能な開発に関する世界首脳会議（ヨハネスブルグ・サミット）」で「グローバル・シェアリング」という言葉を掲げ、環境と開発のための「人づくり」の施策を打ち出し、「持続可能な開発のための教育（Education for Sustainable Development＝ESD）」をNGOとともに提唱し、同年の国連総会で2005～2014年を「国連持続可能な開発のための教育の10年」とする決議案が採択されました。

持続可能性に多方面からアプローチ

このように、2010年頃までに国連という大きなひとつのプラットフォームの上で、持続可能な社会を目指す枠組みや議論が深まっていきました。しかし、それぞれの分野で成果はあるものの、ひとつの社会の中で抱える課題の連関を俯瞰して、横断的に取り組まなければ変革は起こらないということに、多くの人が気付き始めていました。

2015年9月25日、国連で「持続可能な開発のための2030アジェンダ」が採択されたときの様子 ©UN Photo/Cia Pak

そのような懸念も背景にして、2012年にリオデジャネイロで「国連持続可能な開発会議（リオ+20）」が開催されました。1992年の「地球サミット」から20年。現在世代が次世代への責任を果たしているかを確かめる会議でもありました。テーマは「我々の求める未来（The Future We Want）」です。

MDGsが一定の成果を挙げていた間に、日本では子どもの貧困率が16.3%（2014年）に、つまり6人にひとりは貧困家庭の子どもがいる格差社会になっていました。また、ほかの先進国も格差の拡大といった課題を抱えるようになっていたのです。そのため、開発途上国や先進国といった区別なく、世界のすべての国や地域で目標を共有して、持続可能な社会を目指す必要があることは明らかでした。そこで国連は、ボトムアップによるアプローチを行うこととし、世界中でさまざまな立場の人たちが、３年かけて次の目標に向け議論することになったのです。

そして2015年９月25日、ニューヨークの国連本部で、2030年を期限とする「持続可能な開発目標（Sustainable Development Goals=SDGs）」が書かれた国連文書が採択されました。これは、国連の大きな柱である「平和」「人権」「持続可能な開発」を初めて統合した、全世界の全人類が一致団結して地球の未来に向かうための画期的な国連文書です。SDGsそのものは法的拘束力をもちませんが、だれもがともに取り組める国際ルールの集大成なのです。

2 国連文書「2030アジェンダ」

SDGsのエッセンスが詰まった前文

SDGsが書かれた国連文書のタイトルは、「我々の世界を変革する：持続可能な開発のための2030アジェンダ（Transforming our world: the 2030 Agenda for Sustainable Development）」（❶）です。国連広報センターの根本かおる所長は、「Transform（変革する）」は、ちょっとやそっとの変化ではなく、価値を大転換するほどの思いを込めて使う言葉で、あらゆる機会をとらえて大きな社会変革につないでいこうと呼びかけるものだと語っています。国連の強い意志が伝わりますね。

その意志と覚悟を象徴するように、「2030アジェンダ」の「前文」は、「このアジェンダは、人間、地球および繁栄のための行動計画である」（❷）という力強い一文から始まります。SDGsの重要なフレーズ「No one will be left behind（だれひとり取り残さない）」（❸）も、この「前文」に出てくるのです。そして後半には「これらの目標とターゲットは統合され不可分のものであり、持続可能な開発の三側面、すなわち経済、社会、環境を調和させるものである」（❹）とあります。「前文」だけを読んでも、SDGsの理念や哲学が理解できますね。

Resolution adopted by the General Assembly on 25 September 2015

[*without reference to a Main Committee (A/70/L.1)*]

70/1. Transforming our world: the 2030 Agenda for Sustainable Development 

The General Assembly

Adopts the following outcome document of the United Nations summit for the adoption of the post-2015 development agenda:

Transforming our world: the 2030 Agenda for Sustainable Development

Preamble 

This Agenda is a plan of action for people, planet and prosperity. It also seeks to strengthen universal peace in larger freedom. We recognize that eradicating poverty in all its forms and dimensions, including extreme poverty, is the greatest global challenge and an indispensable requirement for sustainable development.

All countries and all stakeholders, acting in collaborative partnership, will implement this plan. We are resolved to free the human race from the tyranny of poverty and want and to heal and secure our planet. We are determined to take the bold and transformative steps which are urgently needed to shift the world on to a sustainable and resilient path. As we embark on this collective journey, we pledge that no one will be left behind. ❸

The 17 Sustainable Development Goals and 169 targets which we are announcing today demonstrate the scale and ambition of this new universal Agenda. They seek to build on the Millennium Development Goals and complete what they did not achieve. They seek to realize the human rights of all and to achieve gender equality and the empowerment of all women and girls. They are integrated and indivisible and balance the three dimensions of sustainable development: the economic, social and environmental. ❹

The Goals and targets will stimulate action over the next 15 years in areas of critical importance for humanity and the planet.

「2030アジェンダ」の「前文」

SDGsは「2030アジェンダ」の一部

「2030アジェンダ」は35ページから成り、「前文」「宣言」「持続可能な開発目標（SDGs）とターゲット」「実施手段とグローバル・パートナーシップ」「フォローアップとレビュー」という５つの要素で構成されています。文書の中核を担う「SDGsとターゲット」には、17ゴールと、達成に向けた具体的な行動内容や行動のヒントとなる169ターゲットが記述されています。

17ゴールが書かれているのは「2030アジェンダ」の14ページ目。35ページある国連文書のたった１枚の紙切れがSDGsの姿なのです。

そのページの欄外には、「国連気候変動枠組条約が、気候変動への世界的な対応について交渉を行う最優先の国際的政府間対話の場であると認識している」という脚注が書かれています。国連文書の独特な言い回しですが、SDGsすべてのゴールと並んで、気候変動リスクを極めて重要な問題として共有するための記述です。

ちなみに、現在活用されている全244（重複を除くと232）の指標は、2017年７月の国連総会で承認されました。

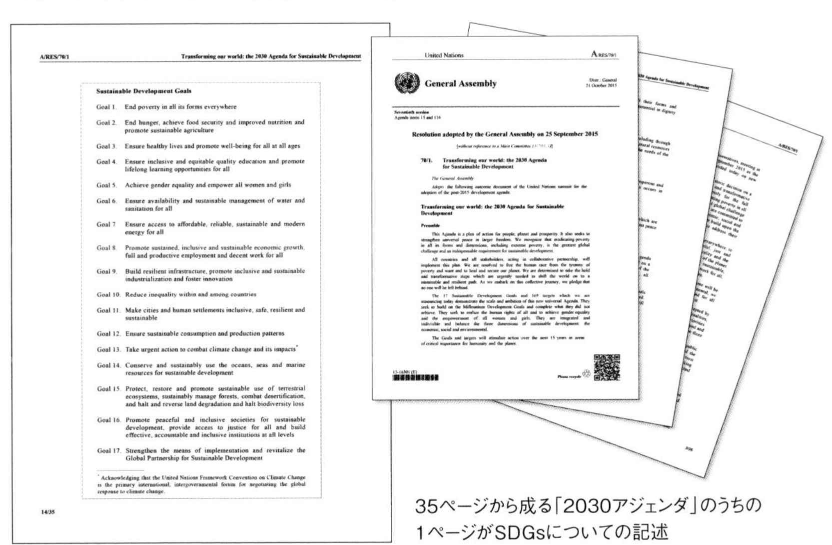

A/RES/70/1 — Transforming our world: the 2030 Agenda for Sustainable Development

Sustainable Development Goals

Goal 1. End poverty in all its forms everywhere

Goal 2. End hunger, achieve food security and improved nutrition and promote sustainable agriculture

Goal 3. Ensure healthy lives and promote well-being for all at all ages

Goal 4. Ensure inclusive and equitable quality education and promote lifelong learning opportunities for all

Goal 5. Achieve gender equality and empower all women and girls

Goal 6. Ensure availability and sustainable management of water and sanitation for all

Goal 7 Ensure access to affordable, reliable, sustainable and modern energy for all

Goal 8. Promote sustained, inclusive and sustainable economic growth, full and productive employment and decent work for all

Goal 9. Build resilient infrastructure, promote inclusive and sustainable industrialization and foster innovation

Goal 10. Reduce inequality within and among countries

Goal 11. Make cities and human settlements inclusive, safe, resilient and sustainable

Goal 12. Ensure sustainable consumption and production patterns

Goal 13. Take urgent action to combat climate change and its impacts*

Goal 14. Conserve and sustainably use the oceans, seas and marine resources for sustainable development

Goal 15. Protect, restore and promote sustainable use of terrestrial ecosystems, sustainably manage forests, combat desertification, and halt and reverse land degradation and halt biodiversity loss

Goal 16. Promote peaceful and inclusive societies for sustainable development, provide access to justice for all and build effective, accountable and inclusive institutions at all levels

Goal 17. Strengthen the means of implementation and revitalize the Global Partnership for Sustainable Development

* Acknowledging that the United Nations Framework Convention on Climate Change is the primary international, intergovernmental forum for negotiating the global response to climate change.

14/35

35ページから成る「2030アジェンダ」のうちの1ページがSDGsについての記述

3 SDGsをひも解く

「2030アジェンダ」に込められた思い

「前文」には、SDGsを理解するための「P」から始まる5つのキーワードとその解釈が書かれていますので、要点を抜き出してみます。

●人間（People）
すべての人間が尊厳と平等、そして健康な環境のもとに、潜在能力を発揮することができることを確保する

●地球（Planet）
持続可能な消費および生産、天然資源の持続可能な管理ならびに気候変動に関する緊急の行動をとる

●繁栄（Prosperity）
すべての人間が豊かで満たされた生活を享受することが自然との調和のうちに生じることを確保する

●平和（Peace）
平和なくしては持続可能な開発はあり得ず、持続可能な開発なくして平和もあり得ない

●パートナーシップ（Partnership）
すべての国、すべてのステークホルダー※およびすべての人の参加

この中で特に注目すべきは「人間（People）」です。環境・人権・平和を守り、一人ひとりが能力を発揮できたら、未来はきっとよくなりますね。

次に「宣言」ですが、最後に記述された「我々の世界を変える行動の呼びかけ」には、「われら人民は（We the peoples）」という国連憲章の有名な冒頭の言葉を引用した文章があります。「我々の旅路は、すべての人々を取り込んでいく。これは、人々の、人々による、人々のためのア

※ステークホルダー：民間企業や団体、政府や地方自治体など、あらゆる組織の利害関係者のこと。

ジェンダ」なのだと。そして「歴史的意義」として「地球を救う機会をもつ最後の世代になるかもしれない」と私たちの世代に責任を問いかけ、「人類と地球の未来は我々の手の中にある」と「結語」に記しています。

「宣言」からも、重要な記述を抜き出します。

●「だれひとり取り残さない」
我々は、最も遅れているところに第一に手を伸ばすべく努力する

これこそSDGsの本質であり極めて重要な一文です。

●「新アジェンダの特徴」
すべての国に受け入れられ、すべての国に適用されるものである

これはSDGsが、どこか特定の国ではなく、すべての国が抱えている課題に対応することを言っています。

●「これまでの経緯」
市民社会およびその他のステークホルダーとの間でこの目標とターゲットができた

これは「リオ＋20」から積み重ねてきたプロセスに対する賞賛ですね。

●「目指すべき世界像」
すべての人生が栄える、貧困、飢餓、病気から自由な世界を思い描く。人間の潜在力を実現し、平等な機会が与えられる世界

これは、「5つのP」の「People」にも記述されていた、一人ひとりが能力を発揮できる環境をつくることと同じ意味ですね。

このように「2030アジェンダ」は、だれもが主役として未来をつくっていくための、行動のヒントやエネルギーになる言葉であふれています。そうなのです。SDGsは、一人ひとりの主体性を期待しているのです。もっと言えば、私たち一人ひとりが、小さくてもよいので、一歩を踏み出す勇気を、SDGsは待っているのだと思います。

4 SDGsロゴとアイコンが意味するもの

プロジェクションマッピングの衝撃

2015年９月25日。国連創設70周年の記念すべき年に、すべての国連加盟国の合意で「2030アジェンダ」が採択されました。その3日前、まるで前祝いのように、ニューヨークの国連本部ビルの壁面に、SDGsのロゴや17ゴールのカラフルなアイコン、世界の国旗が、イメージ動画とともにプロジェクションマッピングで投影されたのです（→P.12）。さらに、採択の木槌が打たれた直後には、会議の出席者がSDGsのロゴとアイコンが印刷された小旗を振っていました。

これは、単に“2030アジェンダが採択された日”にとどまらず、世界中のステークホルダーが議論を重ねて結論に至った記念すべき日であり、周到に準備されたカラフルなアイコンや映像で、国連として全世界に向けてコミュニケーションのあり方を提示した日であるとも言えます。

このプロジェクションマッピングを見て、僕は衝撃を受けました。広告会社に勤める者として、これほどのコミュニケーション・デザインを手がけたチームに対して尊敬の念を覚えると同時に、大いに刺激を受けたのです。

17ゴールのカラフルなアイコンは、SDGs採択の半年ほど前に公開され、国連関係機関は率先して使い始めました。17ゴールのアイコンは、普及啓発に苦労してきた国連の課題を理解した映画監督のリチャード・カーティスさんが、SDGs推進にコミュニケーションの力を生かす団体「Project Everyone」を設立し、クリエイティブ・ディレクターのヤーコブ・トロールベックさんに相談して制作したものでした。アイコンをデザインしたのはクリスティーナ・ルエッグ・グラェッスリさん、コピーを作成したのはヤーコブ・トロールベックさん。「Project Everyone」

はさらに、世界の著名人の協力を得た「We The People」という映像も制作しました。このように、採択に向けて国連が民間と組んでコミュニケーション・デザインを行ったのは前代未聞のことでした。

SDGsはコミュニケーション・ツール

さて、国連は1972年から積み重ねてきたさまざまな取り組みを“人類共通の目標”に仕立て上げ、理解しやすく「2030アジェンダ」に整理しました。さらに、この目標を民間と連携してカラフルなアイコンに託し、採択の段階から全人類との“共通言語”となるように発信しました。この2つの観点から「SDGsはコミュニケーション・ツール」だと言えます。いつか、「SDGs採択は国連のコミュニケーション革命だった」と言われる日が来るでしょう。ここで、SDGsという名称について、普及啓発の観点から僕の考えを伝えておきます。

キャンペーンで名称が重要であることは言うまでもありません。英語圏でも早口言葉とされる「Sustainable Development Goals」や、

SDGsのロゴと17ゴールのアイコン（英語版）

その頭文字の「SDGs」のままでは、全世界の人々に広く浸透しないのではないかという危惧がありました。そのため、SDGs採択前に「Project Everyone」が制作したカラフルなアイコンには、「SDGs」ではなく「Global Goals」という名称が付けられ、SDGsのマークであるカラーホイールと組み合わせた「Global Goalsロゴ」も登場していました。

僕も、「Global Goals（世界のゴール）」は日本でも展開しやすい名称だと思ったので、国内の普及啓発で活用しようと考えて「Project Everyone」にコンタクトを取っていました。ところが、国際NGOなどから「Sustainable Development」という言葉が共有されないのは理念がないのも同然だという声が上がったのです。そこで、「Global Goals for Sustainable Development」というコピーがロゴに付け加えられたのですが、採択直前に「SDGsロゴ」（→P.25）がつくられ、プロジェクションマッピングでは両方の名称ロゴが使用されました。

大筋でこのような経緯があって、国連は「SDGsロゴ」を正式なものとして展開し、「Global Goalsロゴ」は、民間が主体となった活動の名称として、国連との円満な連携のもとで使われ続けています。

日本では、SDGsの認知が向上すればするほど、CSR、CSV、ESG、ESDといった、持続可能性について語る際によく使われるアルファベット３文字の名称と同じように、理解されにくいのではないかと言われています。だれにでもわかりやすくするために、日本語の名称を考えたほうがよいのではないかという声も聞きます。しかし、英語圏での試行錯誤の結果、SDGsという名称で推進する整理がついています。日本でも、固有名詞のようにSDGsという名称で統一して広く普及啓発することで、文字どおり言語を超えて世界がつながり共有できる目標になると考えています。

Global Goalsロゴ

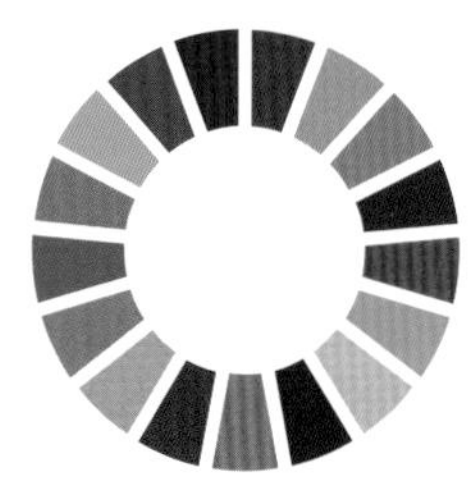

17ゴールアイコンの日本語版を

SDGsの日本国内での普及啓発については、外務省、環境省などの省庁、企業や非営利組織など、さまざまな人と話し合っていました。しかし、国連でのプロジェクションマッピングに刺激を受けたこともあり、ふと自分が受け身になっていることに気付いたのです。「2030アジェンダ」は主体性を期待しています。僕にできることは何か……。

そこで思い至ったのが、国連の公用語は6か国語で日本語がないということです。つまり、SDGs17ゴールアイコンの日本語バージョンが用意されないのでは、と心配になったのです。そこで僕は、博報堂のメンバーと一緒に、日本におけるSDGsの普及啓発リーダーである国連広報センターの根本かおる所長を訪ね、17ゴールアイコンの日本語版について相談したところ、わかりやすい日本語版を一緒につくりましょうということになりました。こうして、国連広報センターのみなさんと、17ゴールアイコン日本語版の共同制作がスタートしたのです。

日本語化のコンセプトは“自分ごと化”

僕が17ゴールアイコンの日本語化の重要性に気付いた背景には、MDGs（→P.16）からの学びがありました。MDGsにも同じように海外で制作されたカラフルなアイコンがあり、日本語訳もされていましたが、日本国内ではあまり浸透していませんでした。そこで、普及のために国内のNGOが独自に新たなMDGsロゴとアイコンをデザインして、それを民間だけでなく政府や国内の国連機関も活用していました。

これに対し、SDGsのアイコンは採択に合わせて国連本部が全世界に発信したもので、出どころが明確でした。ですから、日本では国連広報センターに相談をすればよいのではないかと考えたのです。

しかし、MDGs以上に広く浸透させるためには、だれにでもわかりや

MDGsアイコンの海外版(左)と国内版(右)

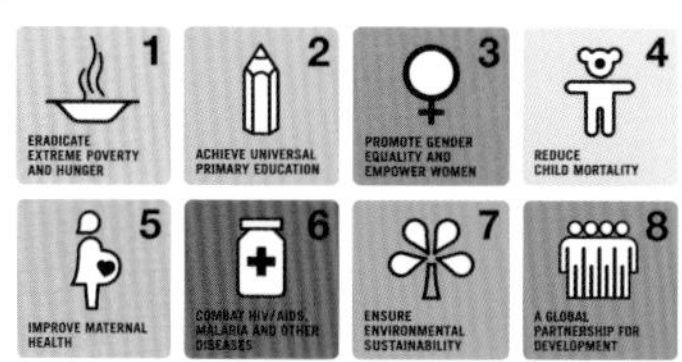

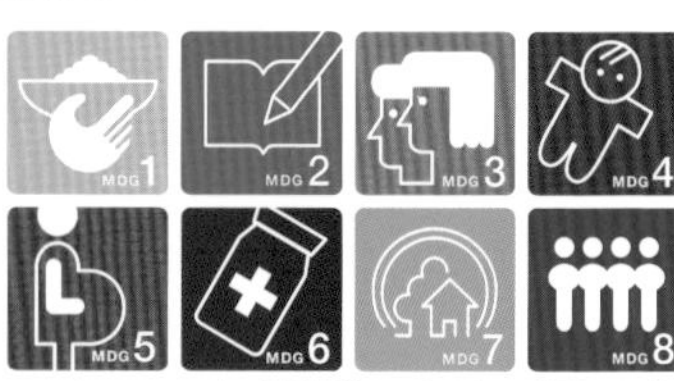

※このMDGsロゴは「(特活) ほっとけない 世界のまずしさ」が作成したものです。

すく、どんな社会的立場からも使いやすいように、単なる翻訳ではない日本語にする必要があります。そこで、17ゴールアイコンの日本語化を支援することは広告会社の社会責任ではないかという結論に至り、「博報堂クリエイティブ・ボランティア」で協力したいと考えたのです。博報堂コピーライターの井口雄大くんが、日本語化を引き受けてくれました。

17ゴールアイコンの英語版は、ヤーコブさん（→P.24）によるシンプルな言葉でつくられていますが、理解を深めるために、国連広報センターのみなさんと、国連文書の17ゴールだけでなく169ターゲットも読み込みました。そして日本語化を進めるにあたって井口くんが心がけたのは、SDGsの“自分ごと化”でした。

彼は、国連が貧困や飢餓の問題に取り組んでいることが小学校の教科書に書かれていたことを覚えていました。貧困や飢餓がいまだに解決されず、SDGsで訴えなければならないのは、多くの日本人にとって貧困や飢餓が他人ごとだったからではないか……。そこで井口くんは、17ゴールアイコンに書かれた日本語を読んだ人が「これは私に語りかけているんだ」と感じるように、呼びかけ言葉や日常会話で使う言葉で行動を促し、国内に浸透させていくことが大切だと考えました。

ですから、17ゴールアイコンの日本語では、具体性に欠ける「持続可能」という言葉は使っていません。ゴール１や２は、英語に合わせてシンプルな呼びかけにしました。象徴的なのはゴール12です。「RESPONSIBLE CONSUMPTION AND PRODUCTION」をそのまま「責任ある消費と生産」とすると企業に期待する印象になるので、「一人あたりの食品廃棄を半分に」とターゲットに書かれていることを踏まえて、消費者の責任も考えてもらうために、「つくる責任つかう責任」としたのです。

このように考えながら、国連広報センターのみなさんと17ゴール日本語の原案をつくりました。そして、日本国内に拠点のある国連機関、国内の非営利組織、企業、JICA、外務省のみなさんとの対話の場を設けていただきました。それぞれの立場からさまざまな意見が出され、それらをひとつひとつ整理して、最終的に幅広いステークホルダーに使ってもらえる日本語版を、国連広報センターのみなさんと一緒につくり上げることができたのです。

2016年3月2日に国連広報センターから出された「『持続可能な開発目標（SDGs）』アイコン、みんなのためのキャッチコピーを日本語化」と題したプレスリリースには、次のように書かれていました。「国連グローバル・コンパクト署名企業である博報堂のクリエイティブボランティア支援を受けながら、幅広いアクターとのコンサルテーションを重ね、イメージの湧きやすい平易な日本語キャッチコピーを制作いたしました。日本語版SDGsアイコンを多くの方々に活用していただきたいと願っています」。こうして、日本語版SDGsアイコンが完成し、日本国内での普及啓発の準備が整ったのです。

「みんなで使える、みんなのためのキャッチコピー」が入った、17ゴールアイコン日本語版

Kawatei's Eye

写真も会議も「俯瞰」と「フォーカス」でアプローチする

直撃した台風が通り過ぎた。一気に天気が回復すると読んで浜に向かったら、海水浴と波乗りの区域を分ける監視台が巨大な光景の中に佇んでいた。ファインダーの隅々まで確認して撮り始めたら、突然、西日が差し込んで劇的なシーンに。しかしすぐに曇ってしまい、わずか数分のできごとだった。

僕は会議で発言するのがとても苦手だ。ほかの人たちが優秀に見えて気後れしてしまう。しかし、僕のもうひとつの顔である写真家としての腕前を磨いていくうちに、いつの頃からか会議でも持ち味を発揮できるようになった。

たとえば、旅先できれいな風景に出会ったとする。写真家もそうでない人も、だれもが自分なりの写真を撮る。でも写真を見比べるとインパクトが違うのだ。写真家は、風景に出会うまでの物語を考えたり、その土地の来歴に思いを馳せたり、風景のエッセンスを選び取ったりする。あの木が印象的だなとか、あの陰影やあの色が効いているなとか、あれこれ考えながら、ファインダーの隅々まで見てこの風景をどう切り取ったら自分なりの表現ができるかを考える。

つまり、全体を俯瞰して見渡し、その構成要素にしっかりフォーカスしてシャッターを切るから、写真として出力したらその風景が言語化された状態になるのだと思う。いつのまにか、会議も同じプロセスでとらえるようになっていた。この人がこ

れを、あの人があれを言っている。それに加え、自分の中で会議に至るプロセスや目的を考えながら、ひとつのつながりとして話してみると、会議がまとまっていく。そんな経験が増えていった。会議も風景なのだ。

SDGsも同じで、国連が決めた大きな目標ということで世界に思いを馳せる「俯瞰」と、それぞれの課題がもつ本質的な事柄への「フォーカス」。それを、写真家の感性を生かして僕なりの言語で伝えるからこそ、さまざまな立場の人たちとのネットワークが広がっているように思う。

SDGs Key Player 1

蟹江憲史（かにえ のりちか）さん

慶應義塾大学大学院
政策・メディア研究科 教授

かにえ のりちか●慶應義塾大学SFC研究所xSDG・ラボ代表、日本政府SDGs推進本部下のSDGs推進円卓会議構成員。専門は国際関係論、地球システム・ガバナンス。国連におけるSDGs策定に、構想段階から参画。SDGs研究の第一人者であり、研究と実践の両立を図っている。博士（政策・メディア）。

なぜSDGsに注目したのですか？

初めてSDGsの構想を知ったのは2011年、地球サミット開催20周年を記念し、国際制度とグリーンエコノミーをテーマに企画された国際会議「リオ+20」の準備会合のプロセスでした。当時私は国際的な制度設計を研究するプロジェクトを率いており、箱根で提言作成の国際ワークショップを主催。そこでグアテマラの代表がSDGsの重要性について熱く語るのを聞き、その斬新さに感銘を受けたのです。2013年からは環境省主催の持続可能な開発目標とガバナンスに関する総合的研究プロジェクトのリーダーとして、新しいグローバル・ガバナンスの観点からSDGsを研究、提案を行ってきました。

蟹江さんにとってSDGsとは何ですか？

SDGsは「開発」と「持続可能性」の実現を同時に謳う、それまでにはなかった革新的な構想です。また、目標をベースにしたガバナンスという意味でも、今後のグローバル・ガバナンスのあり方そのものを変えうるコンセプトだと言える。私自身の研究者としての人生を懸ける価値のあるものです。

2020年は、新型コロナウイルスによって、普段の暮らしや経済について考え直さざるを得ない契機がもたらされました。世界の潮目が変わっていくであろう今後、あらためてSDGsは、私たちの暮らしと地球をサステナブルにするための道しるべとして、ますます重要な役割を担っていくと思います。

Chapter 2

SDGsと企業価値

2004年6月24日に開催された最初の「グローバル・コンパクト・リーダーズ・サミット」でスピーチをするアナン国連事務総長（当時）

©UN Photo/Evan Schneider

1 SDGsと企業経営

国連が期待する企業の姿

「2030アジェンダ」の後半、「実施手段とグローバル・パートナーシップ」（→P.21）で民間企業活動について次のように書かれています。

> 民間企業の活動・投資・イノベーションは、生産性及び包摂的な経済成長と雇用創出を生み出していく上での重要な鍵である。我々は、小企業から協同組合、多国籍企業までを包含する民間セクターの多様性を認める。我々は、こうした民間セクターに対し、持続可能な開発における課題解決のための創造性とイノベーションを発揮することを求める。「ビジネスと人権に関する指導原則と国際労働機関の労働基準」、「児童の権利条約」及び主要な多国間環境関連協定等の締約国において、これらの取り決めに従い労働者の権利や環境、保健基準を遵守しつつ、ダイナミックかつ十分に機能する民間セクターの活動を促進する。

これは、Chapter 1でも述べましたが、1999年のダボス会議でコフィー・アナン国連事務総長（当時）が企業に語った「人間の顔をしたグローバリゼーション」（→P.18）を具現化するための手段と言えます。

国連グローバル・コンパクトの「SDGコンパス」

企業・団体が責任あるリーダーシップを発揮することで持続可能な成長の実現を目指している世界的な枠組み、「国連グローバル・コンパクト（UNGC）」は、「グローバル・レポーティング・イニシアティブ（GRI）」および「持続可能な開発のための世界経済人会議（WBCSD）」と開発した「SDG Compass　SDGsの企業行動指針 －SDGsを企業はどう活用するかー」を2015年末に発行しました（日本語版は2016年３月）。

「SDG Compass」は、企業がSDGsを経営戦略に組み込んで目標達成に向かう大きな力となることを期待してつくられたもので、下図の５つのステップを推奨しています。まずSDGsを理解し、ステップ２から５を繰り返して積み重ねていく手順が記されているのです。

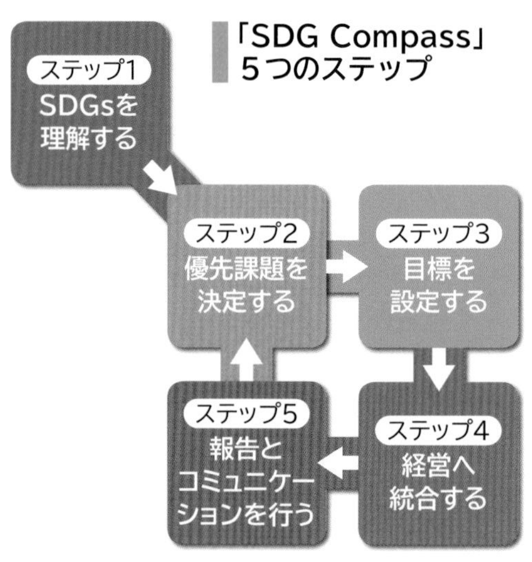

「SDG Compass」の冒頭には、「企業は、SDGsを達成する上で、重要なパートナーである。企業は、それぞれの中核的な事業を通じて、これに貢献することができる。私たちは、すべての企業に対し、その業務が与える影響を評価し、意欲的な目標を設定し、その結果を透明な形で周知するよう要請する」という潘基文（パン・ギムン）国連事務総長（当時）の言葉も記述し、企業が本業で社会に与えるインパクトの定量評価も期待しています。

そのためには、ステップ３に記述されている「世界的な視点から、何が必要かについて外部から検討し、それに基づいて目標を設定することにより、企業は現状の達成度と求められる達成度のギャップを埋めていく」という「アウトサイド・イン」の考え方が重要となってきます。

また、UNGCとGRIが発行した「SDGsに関するビジネス・レポーティング」の３部作、「ゴールとターゲットの分析」「SDGsを企業報告に統合するための実践ガイド」「イン・フォーカス：SDGsに関するビジネス・レポーティングにおける投資家ニーズへの対応」も参考になるでしょう。いずれも「グローバル・コンパクト・ネットワーク・ジャパン(GCNJ)」のウェブサイトから日本語版がダウンロードできます。

2 ESG投資とSDGs経営

日本でもESG投資が本格的に始動

2015年9月25日にSDGsが採択された際、国連総会で安倍総理がスピーチをしました。「SDGsの実施において日本はグローバル・パートナーシップを発揮して最大限努力をします」といった話の中で、「『年金積立金管理運用独立行政法人（GPIF）』が国連の『責任投資原則（PRI）※』に署名しました」と、唐突にも感じられる報告をしたのです。日本の総理大臣がこのような発表を盛り込んでくるとは、だれも予想していなかったのではないかと思います。

しかし、今から考えるとこれは非常に戦略的で、しっかりとした効果を発揮したと言えます。実際にこの政府方針は、日本に拠点のある投資機関と企業との関係に大きな影響を与えました。世界ではすでにサステナブル投資が広がっていたのですが、日本ではこの総理の発表を機に、「環境価値（Environment）」「社会価値（Social）」「企業統治（Governance）」を考慮した投資である「ESG投資」が、SDGsと同時に浸透していくという特殊な動きとなったのでした。

GPIFの本気

日本の厚生年金と国民年金の積立金を管理・運用する独立行政法人、GPIF。世界最大の機関投資家と言われ、影響力が大きいため、欧米の投資家たちは安倍総理のスピーチを「ようやく日本も本腰を入れて取り組み始めるか」と受け止めました。一方で日本の投資家たちは、「GPIFと政府の狙いは何だろう？」と戸惑ったと言われています。

しかしGPIFは本気でした。投資家に対しては、「これからは中長期で

※責任投資原則（PRI）：投資の際には、投資先の財務指標だけでなく、環境、社会、企業統治などへの取り組みも考慮すべきだとする行動原則。2006年にアナン国連事務総長（当時）が提唱した。

経営をがんばっている企業を応援する投資によって、中長期で展望できる社会システムをつくっていきましょう」「投資というしくみを使って社会をよくしていきましょう」と呼びかけています。

GPIFはまた、企業の経営者に対しては、「すでに共有価値の創造（Creating Shared Value＝CSV）という言葉もありますが、SDGsというコミュニケーション・ツールを使って、ESG投資で目利きをしようとしている投資家に対し、企業のもつ未来の価値を上手に伝えてください」と呼びかけています。

社会課題解決を軸に事業機会と投資機会を生み出し、ひいては持続可能な社会をつくっていく。これがGPIFの資料に書かれたシナリオです。このように日本では、投資家視点で見るESG投資と、企業視点で見るSDGsがひとつの合わせ鏡になっていきました。これは、サステナブル投資※で先行していた欧米とは少し異なる、日本固有のありようです。

ESG投資とSDGsの関係

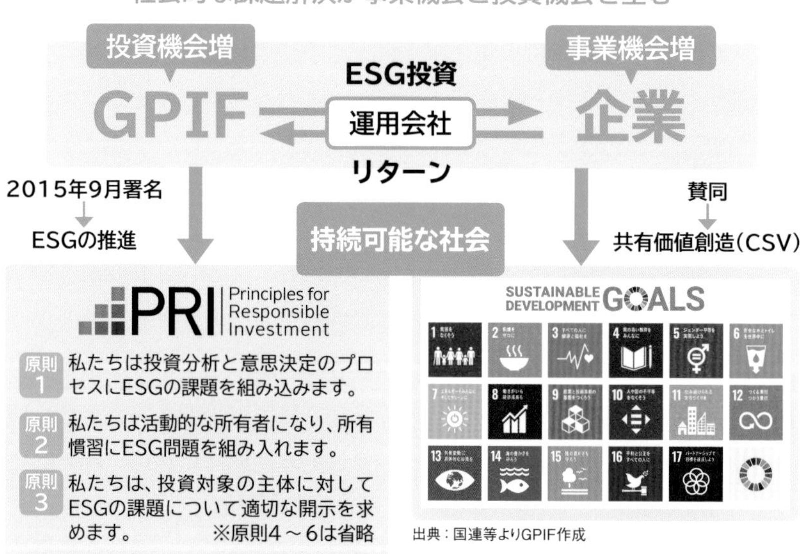

出典：国連等よりGPIF作成

※サステナブル投資：経済・環境・社会の持続性に配慮した投資手法であり、経済的なパフォーマンスに加えESGに配慮した投資のこと。

動き始めた未来への資金

このGPIFの動きなどに影響を受けて、日本を拠点とする機関投資家によるサステナブル投資の残高は、SDGsが採択された2015年は約26兆円（24機関）だったのが、翌年から倍々のように増えて、2019年には約336兆円（43機関）となりました（日本サステナブル投資フォーラムによる）。運用資産総額に占めるサステナブル投資額の割合で見ると、日本は2016年の3.4%から2018年には18.3%まで伸びており、サステナブル投資の成長国と言われています（GSIA「2018 Global Sustainable Investment Review」による）。

2020年、新型コロナウイルス感染症の拡大によって、日本でもこれまでの経済優先で歩んできた社会構造がとても脆弱であることが一気に露呈されました。しかし、日本固有の歩みを進めるSDGs経営とESG投資によって、弱点を変革するしくみやビジネスが生まれる体制が準備されつつあったととらえることもできます。17ゴールをただ表示するだけではない“本気のSDGs”によって、さまざまなリスクに対応し、それを乗り越えることができると思います。そう考えると、ますます日本の企業経営者は、SDGsを使いこなした未来志向の経営へとスムーズに切り替えなければ、取り残されてしまう時代が来ています。

SDGsとの両輪で、日本でもサステナブル投資がどんどん拡大していっているのですね。

日本のサステナブル投資残高の推移

（兆円）

年	2015	2016	2017	2018	2019
残高	26.7	56.3	136.6	232.0	336.0

出典：日本サステナブル投資フォーラム「サステナブル投資残高調査」

3 日本の企業とSDGs

大企業に定着し始めたSDGs

「グローバル・コンパクト・ネットワーク・ジャパン（GCNJ）」は、SDGsタスクフォースを組織し取り組みを開始しました。「地球環境戦略研究機関（IGES）」と共同で、2015年からGCNJ会員企業・団体向けにSDGsに関するアンケート調査を実施しています。SDGsが「おもにCSR担当に定着している」と答えた企業は2016年から80％前後で推移。一方、「経営陣に定着している」と答えた企業は、2017年までは30％前後だったのが、2018年に59％、2019年には77％と、CSR担当者と同等にまで大きく伸びてきました。これは、2017年11月に経団連が「企業行動憲章」にSDGsを取り入れた改定を発表したことが大きな要因となっています。しかし、それ以降の認知度の上昇は、ESG投資の

GCNJとIGESが共同でまとめたSDGs日本企業調査レポート2019年度版「ESG時代におけるSDGsとビジネス～日本における企業・団体の取組み現場から～」

SDGsの認知度

Q 貴社・団体内でのSDGsの認知度について、あてはまる状況を下記より選択してください。（複数回答）

（年）	2015	2016	2017	2018	2019
おもにCSR担当に定着している	61%	84%	86%	84%	77%
経営陣に定着している	20%	28%	36%	59%	77%
中間管理職に定着している	4%	5%	9%	18%	33%
従業員にも定着している	—	—	8%	17%	21%
関連会社などステークホルダーにも定着している	—	3%	2%	4%	7%
わからない	15%	12%	7%	3%	2%
回答した企業・団体の数	134	147	163	180	186

出典：GCNJ、IGES「SDGs日本企業調査レポート」

主流化によるものでしょう。投資家たちが動き始めたことで、経営層もSDGsに注目せざるを得なくなったという実態が見えてきます。

一方、同じ調査項目で「中間管理職に定着している」割合を見ると、2015～2017年の調査では4％、5％、9％と低迷。経営陣への定着が飛躍的に伸びた2018年でも18%、2019年に33%と、ようやく動き出したところです。33%に上昇した背景には、SDGsの理解浸透に管理職研修を活用した企業が35%だったことがあると思われます。しかし、「従業員にも定着している」は2019年でも21%にとどまっています。

SDGsの社内浸透の難しさは多くの企業で課題となっています。経営陣の場合は、統合報告書（→P.42）などのトップメッセージでアピールすることや、財務に影響する重要課題（マテリアリティ）などにSDGsのアイコンを入れることで、「経営陣に定着している」ととらえている企業もあるかもしれません。では、全社員にSDGsを浸透させるには……？カギとなるのは中間管理職に浸透させることだと仮定しましょう。

たとえば、中間管理職の人事評価に、単年度の数字だけでない業務領域が評価されるしくみがあれば、未来志向の経営のための事業開発や人材育成などにも挑戦するのではないでしょうか。すでにそのような人事評価を取り入れている企業もあります。さらにこれからは、17ゴールだけでなく169ターゲットを使うことも重要です。169ターゲットを使わずしてSDGsを活用しようとするのであれば、それはSDGsにあらず。SDGsをESG対策ツールとするだけでなく、生態系のように連関のある長期の成長戦略としてSDGsの視点を取り入れ、それに合わせた評価制度を実施するなど、本気のSDGs経営を進めていくことを経営層に期待します。

中小企業にこそポテンシャルがある

では、中小企業の場合はどうでしょうか。中小企業基本法の基準で定義すると、日本の企業のうち99.7%が中小企業。社員数で見ると全体の3分の2が中小企業に勤める人で、製造業の付加価値額では中小企業が

SDGs認知度調査(%)

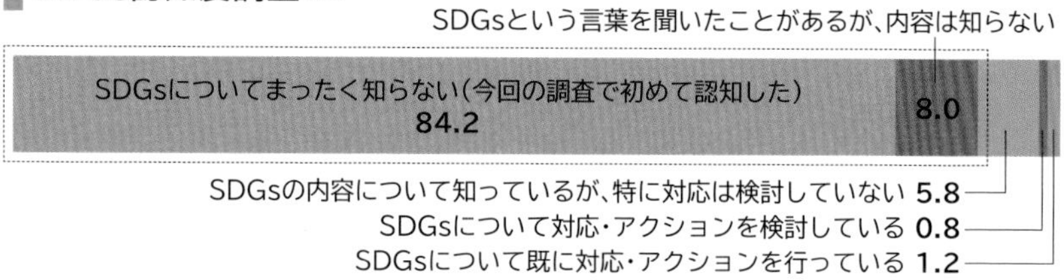

出典:関東経済産業局、日本立地センター「中小企業のSDGs認知度・実態等調査」

大企業を上回ります。日本の経済では中小企業の存在が大きいのです。

2018年12月に関東経済産業局と一般財団法人日本立地センターが発表した、中小企業の経営者を対象にしたSDGs認知度・実態等調査で、「SDGsについてまったく知らない」と答えた企業は84.2%に上りました。SDGsをまったく知らない経営者に対してSDGsの印象を聞くと、43.9%が「自社には関係ない」「優先度は下がる」と回答しています。一方、「本業を通じて社会課題解決に取り組み企業の稼ぐ力の向上も実現することが重要」と答えた中小企業トップは80.6%でした。つまり、SDGsという名称は知らなくても、その本質は理解していると言えます。

普段から地域の課題解決などを意識している中小企業が圧倒的で、これに未来志向が加わるとSDGsに合致するということがわかりさえすれば、「なんだ、自分たちの考えてきた方向でいいのか」と腑に落ちるでしょう。中小企業が日本におけるSDGs達成の原動力になれば、全国各地から個性豊かなSDGs経営が発信され、地域経済の活性化が期待できます。だからこそ、政府は中小企業に大きな期待を寄せていて、いかにSDGsを共有していけるかが課題になっているのです。

IIRCの「統合思考」、そのビジョン

グローバル企業の成果報告の大きな潮流となっているのが「統合報告書」です。その目的は、財務資本の提供者に対し、組織がどのように長期にわたり価値を創造するかを説明することです。もとになっているの

が「統合思考」。短期の経営のポテンシャルを「財務評価」、中長期の経営のポテンシャルを「非財務（ノンファイナンシャル）評価」とし、両方を統合することで企業のほんとうの力を見せていくという考え方です。

ただ、この非財務評価というとらえ方に、僕は違和感をもっています。たとえば人や事業を育てようとした場合、単年度で見れば「コスト」だと判断されるかもしれませんが、中長期で見れば立派な「投資」であり、すべての企業活動は「財務」と言えるはずなのです。

これまで企業は森林保全や地域貢献をCSR活動と位置付け、本業と切り分けてアピールしてきました。そうであれば「コスト」であり「非財務」で、「収益の一部を用いて貢献する」ことになります。しかし、そうした活動は社員にとって、地域課題の発見やエコシステムの理解など、普段の業務では得られない情報やスキルを獲得する機会でもあります。貴重な人材育成の機会であるととらえれば、これらの活動は「コスト」ではなく明らかな「投資」。「非財務」ではなく「未来財務」です。経営層の意識変革が重要だと思うのです。

統合報告書の作成を推奨している「国際統合報告評議会（IIRC）」は、「国際統合報告フレームワーク（International Integrated Reporting Framework）」で、「統合報告が企業報告の基盤となり、統合思考が公的および民間セクターの主活動に組み込まれた世界を実現する」ことを長期ビジョンの冒頭に掲げています。

IIRC「国際統合報告フレームワーク」日本語訳の表紙
With permission from the International Integrated Reporting Council ©2020

ある企業が統合報告書をつくり、投資家に評価されることがゴールではありません。統合報告書を作成する企業担当者の努力は、もっと大きな成果のためなのです。短期と中長期の経営ポテンシャルを二大財務としてとらえ、両方のポテンシャルの評価を得ながら、未来志向でがんばる企業や自治体が数多く存在する社会。それこそが成果であり目指すべきゴールなのです。

企業評価の新しい物差し

2019年12月2日、日経「SDGs経営」調査の結果が発表されました。日本経済新聞社が行ったこの調査は、国内637社を経済、社会、環境の観点から評価し、偏差値で6段階に格付けしたものです。SDGs戦略と社会価値評価、環境価値評価、ガバナンス、つまりSDGsとESGにおける評価を出し、ランク付けするという新たな試みです。投資家がどこまで活用するようになるかは未知数ですが、毎年続けられることによって、企業にとっては避けて通れない評価になっていくことが期待されます。

日本のSDGs経営の先駆け

日本には古くから、SDGs経営の先駆けとも言える人物がいました。SDGs経営のたとえに、近江商人の「三方よし」を挙げる人が多くいます。この言葉のもとになったのは、近江の麻布商、中村治兵衛が残した家訓「宗次郎幼主書置」（1754年）だと言われています。息子に対し、「他国へ行商へ赴くときは、先ず第一にその土地の人々のことを大切に考え、自分のことばかり計算して高利を望むようなことをしてはならない」（末永國紀『近江商人中村治兵衛宗岸の「書置」と「家訓」について ー「三方よし」の原典考証』より）という商売の美徳を説き、これを滋賀県立大学教授の小倉榮一郎さんが、著書『近江商人の経営』で、「売り手よし、買い手よし、世間よしの三方よし」と表現しました。

最近では、エシカル協会の末吉里花さん（→P.192）が著書『はじめてのエシカル』で、「作り手よし」「未来よし」と倫理的消費の理念を加えて「五方よし」と表現しています。特に「作り手よし」は重要です。以前は「作り手＝売り手」であったかもしれませんが、現在のサプライチェーンでは分業され、「作り手」への配慮も必要になります。

さて僕は、これにもうひとつ「地球よし」を加えて、グローバル経済における「六方よし」がSDGsの精神を満たすと考えています。

経済行為の基礎としての道徳を説いた二宮尊徳
写真提供：報徳博物館

次に、同じく江戸時代、農村復興と地域づくりに尽力した二宮尊徳がいます。弟子に話したさまざまな話が『二宮翁夜話』（1887年）にまとめられており、それを松村敬司さんが1995年に現代語訳した際に、尊徳が「人道はたとえば水車の如し」と語った部分を次のように表現しました。

水車は水の流れの方向に回り、上の半分は水の流れと反対の方向に回っている。高僧のように欲を捨てた人は水から離れた水車のようで、私欲だけの行動に執着する人は水に沈んだ水車のようで、いずれも社会に役立たない。そして解説で「道徳を忘れた経済は罪悪である。経済を忘れた道徳は寝言である」と、水車を道徳と経済の調和にたとえました。

最後に紹介するのが、明治維新以降の近代日本社会をつくり上げた渋沢栄一自身の言葉です。1916年に刊行された著書『論語と算盤』の中に、「富をなす根源は何かといえば、仁義道徳。正しい道理の富でなければ、その富は完全に永続することができぬ」という「道徳経済合一説」の一文があります。純粋な日本語で経営のサステナビリティを説いています。これは、大正時代を生きる経営者に企業のあるべき経営理念を語った言葉です。経済を財務、道徳を非財務ととらえれば、すでに100年前から統合思考を伝えていることになりますね。

このように、SDGs経営は、日本に昔からあった商売の倫理観とも合致していると言えます。日本の企業経営者は、100年も前からSDGs経営を理解しながら、いかに経済成長と社会・環境を両立させるかというジレンマに悩んできたのです。SDGsをコミュニケーション・ツールとして上手に使いながら、日本ならではの企業文化に則った経営戦略を、個性豊かに堂々と表明したいですね。

「道徳経済合一説」を唱えた渋沢栄一　写真：深谷市所蔵

企業価値、企業経営において重要度を増すESG投資。未来への投資について、サステナブルファイナンスの専門家である銭谷美幸さんに話を聞きました。

「非財務」を「未来財務」と呼ぶために

銭谷(ぜにや) 美幸(みゆき)さん

ぜにや みゆき ● 第一生命ホールディングス株式会社エグゼクティブ・サステナブルファイナンス・スペシャリスト。大学卒業後、野村総研入社。上場企業CFOや、女性初の地方銀行副頭取などを経て、2013年に第一生命入社。現在に至る。

川廷　以前、「私は社会をよくするために仕事をしています」という銭谷さんのお言葉に感銘を受けました。その背景には何があるのでしょうか。

銭谷　私の今は、小さな経験の積み重ねの上にあります。気候の変化を肌で感じる、時間をやりくりして子育てをする、そんな日常での体験や生活者としての気付きが、本質をとらえる重要性を教えてくれました。また、女性が融資を受けにくかった時代に、女性向け金融商品を開発したことがあります。意欲があり審査基準を満たせば、共感者が増えてビジネスになるのです。あのときも、そして今も、とにかく新しいことをやってみる、社会全体で人を育てるという視点で仕事をしています。

●

川廷　「社会をよくするための仕事」を、今は機関投資家として実践されているわけですね。

銭谷　当社では、ESG投資とスチュワードシップ活動※を柱とした「責任投資」を推進しています。特に、投資先企業と対話し、企業の持続的な成長を促すことは、機関投資家としての大事な役割だと思っています。

●

川廷　銭谷さんにとってESG投資とは何でしょうか？

銭谷　世界が持続可能であるための、未来社会を考えた投資であり、

※ スチュワードシップ活動：投資先企業の企業価値の向上や持続的成長を促すことにより、顧客・受益者の中長期的な投資リターンの拡大を図る機関投資家の活動のこと。

SDGsの課題解決に不可欠なものです。また、長期資金を運用する保険会社ならではの特徴を生かせる投資でもあります。ESG投資を考えるときに大切なのは、ひとつの行動がどのような影響をもたらすか「妄想を働かせること」。たとえば、地球温暖化も、気温上昇による生態系や海洋などへの影響も、すべて私たち人間の活動が引き起こしたものです。さまざまな事象が連鎖していることを、もっと意識するべきですね。

●

川廷　未来を考える投資には非財務要素が欠かせないと思いますが、それを「未来財務」と言い換えていくためには何が必要でしょうか？

銭谷　財務数字はもちろん重要ですが、環境問題や社会課題の連鎖、グローバルな金融市場などを考えると、自社都合だけでは長期的な経営は成り立ちません。本業に非財務要素を取り込んで初めて、社会変化に応じた経営が可能です。非財務は社会貢献ではなく、長期財務を強固にする重要なファクターで、非財務の豊かさは未来につながる資産そのものなのです。こうした議論を、投資先の企業とも常に行っています。

●

川廷　人の価値観も、未来財務に含まれてくるのでしょうね。

銭谷　価値観は世代により変化するので、従来の制度やルールとの摩擦も起こるでしょう。既存のしくみを変えるのは難しい。でも、しくみに身をゆだねるだけでは、考えていないも同然です。10年先の結果は、“今”の積み重ねの上にあります。世界の動きに目を向け、地球の未来に思いを馳せて、考え、意見を出し合える社会にしていきたいですね。

「SDGsはみんなが幸せに暮らすためのもの」と言う銭谷さんとの対話には、多くの気付きがあった

会社業務で関わるようになった林業のことをもっと知りたくて、日本で初めて国際森林認証FSC®を取得した三重県の速水林業（→ P.160）を訪ねた。自然との共生や地域産業について学ぶつもりで山に入ったが、山から聞こえてくる言葉は、気候変動の適応策と緩和策、生物多様性だけでなく万物多様性、持続可能な企業経営など……。林業の奥深さ、ポテンシャルの大きさを思い知らされたのだった。都市生活者である僕にとってはまったく知らない世界が、そこにあった。

Kawatei's Eye

「50年後の風景や」林業家の言葉で未来思考になった

空を見上げているようでいて何かほかのものが見えているような表情が気になり、声をかけた。写真家として、3年かけて速水林業の山や仕事ぶりを撮影する中で、彼の言葉に出会う。僕が体感した世界をおもに都市の人に伝えたくて、東京・大阪・名古屋で写真展を開催した。

ある日、放置林の調査に行くと聞いて一緒に山に入った。GPSを使って位置を確認しないと、ベテランの木こりでも迷ってしまうような山。そんな薄暗く下草も生えていない山で、表皮がコケむして細々としたヒノキに、木こりたちがナタで印を付けていた。空を見上げてしばらく考えてから、伐倒対象の木に印を付けているのだ。

作業の合間に、木こりのひとりに素朴な疑問をぶつけてみた。「何を見ているの？」すると普段は無口な彼が「うーん」と考えて、ひと言だけ答えてくれた。「50年後の風景や」。

僕はしびれた。そして、下草が青々とした明るい山へと一気に風景が変わっていく様子を想像した。彼はそんな風景を思い描いて、１本１本の命を絶つ判断をしていたのだ。

僕は自問自答した。「50年後の後輩や会社の佇まいを考えて仕事をしたことがあるだろうか？」そんな風に考えたことがなかった自分に気付かせてくれると同時に、僕を未来思考に変えてくれたひと言。企業に勤める一人ひとりが、このように未来に思いを馳せることこそが、SDGsの社内浸透であり、SDGs経営ではないかと思うのだ。

SDGs
Key Player 2

有馬利男（ありまとしお）さん

一般社団法人グローバル・コンパクト・ネットワーク・ジャパン（GCNJ）代表理事

ありま としお●1967年富士ゼロックス入社。2002年同社代表取締役社長、2012年退任。社長在任中に「企業品質」コンセプトを打ち出し、CSR経営に尽力した。2007年7月～2018年6月末に国連グローバル・コンパクト（UNGC）のボードメンバーを務め、2011年10月より現職。持続可能な社会を目指す活動を継続している。

どのようにSDGsに関わっていますか？

ひとつはGCNJの代表として。分科会が活性化しており、「明日の経営を考える会（AKK）」では200人を超える次世代経営層のネットワーク化も進んでいますが、日本社会にさらなる変化をもたらすことが必要だと考えています。そのためには、経済性だけでなく、社会性・人間性の統合的な価値創出が重要。この難題に挑戦してこそ、人間の工夫や知恵が引き出されると確信しています。そこではSDGsが共通の価値観として機能するのです。

もうひとつの関わりは、個人の立場として行っているCSRやSDGsに関する講演や教育です。企業人だけでなく、学生やNGOとの対話の場は、私にとって深く考え抜くためのよい機会になっています。

有馬さんにとってSDGsとは何ですか？

UNGCでは、SDGsは北極星や灯台のようなものと言われており、私たちに目標や進むべき方向を示してくれます。私自身にとってSDGsは、社会、世界、そして将来世代に向けて視野を広げ、強化してくれるレンズです。

私たちは、健全な社会と環境を次世代に引き継ぐという究極の責任を負っていますが、SDGsは現世代から次世代に引き継ぐべき「人類社会」と「地球環境」のあるべき姿を示していると言えます。SDGsをどう受け止め、どう生かすか……。それは私たち一人ひとりに懸かっています。

Chapter 3

SDGsのローカライゼーション

神奈川県の黒岩知事が出席した2019年7月のハイレベル政治フォーラム（→P.66）

©Masahiro Kawatei

1 国家戦略である「SDGs実施指針」

「SDGs実施指針」と「SDGsアクションプラン」

「すべての国に受け入れられ、すべての国に適用されるものである」。「2030アジェンダ」にはこのように書かれており、各国が独自の方針を掲げてSDGsを推進することが期待されています。日本では2016年5月20日に、内閣総理大臣が本部長を、すべての国務大臣が本部員を務める「SDGs推進本部」の設置が閣議決定されました。その後、より広範に関係者が協力して推進するため、官民の各種団体の関係者が集まり意見交換を行う「SDGs推進円卓会議」が推進本部の下に設置され、毎年6月と12月に推進本部と円卓会議が開催されることになったのです。

そして2016年12月に「SDGs実施指針」が策定されました。これは、全省庁の既存の政策をSDGs17ゴールと169ターゲットに照らし合わせて棚卸をし、8つの優先課題と具体的施策に紐付けたもので、日本におけるSDGsの国家戦略とも言えます。さらに2017年6月、SDGsに取り組む企業・団体を表彰する「ジャパンSDGsアワード」を設置。同年12月には、第1回アワードの発表に加え、「SDGs実施指針」を進めていくための具体的な戦略「SDGsアクションプラン」を公表しました。アクションプランは毎年12月に見直されますが、柱は次の3点です。

❶ **ビジネスとイノベーション ～SDGsと連動する「Society 5.0」の推進～**
企業経営へのSDGsの取り込み、ESG投資の後押し、バイオエコノミーの推進など

❷ **SDGsを原動力とした地方創生、強靭かつ環境に優しい魅力的なまちづくり**
SDGs未来都市や地方創生SDGs官民連携プラットフォームを通じた民間参画の促進など

❸ **SDGsの担い手としての次世代・女性のエンパワーメント**
働き方改革の着実な実施、ダイバーシティ・バリアフリーの推進、ESD（→P.15）の推進など

前述したSDGs推進本部の事務局は、外務省の地球規模課題総括課を中心に、すべての省庁の担当者が連携したものです。官僚がSDGsと自分たちの仕事を紐付けたことで、縦割り行政の壁を超えたり、官民連携の足がかりにしたりと、新たな動きが始まっています。

官民で実現した「SDGs実施指針改定版」

政府の方針である「SDGs実施指針」は、４年ごとに９月の国連総会で開催される首脳級の「SDGsサミット」を受けて、2019年に改定が予定されていました。「2030アジェンダ」に記された「地球を救う機会をもつ最後の世代になるかもしれない」という言葉を受けて、“本気のSDGs”を実践するためには、「SDGs実施指針」に多様な立場の声を反映する必要があります。そこで、SDGs推進円卓会議の構成員有志が「SDGs実施指針改定へ向けたステークホルダー会議」の開催を呼びかけました。

2019年９月６日に東京・青山にある国連大学に約200名が集まり、僕も企業のラポルトゥール（＝報告者）として参加しました。2030年の世界と日本の未来に向けてどのような政策や実施のあり方が必要かを討議し、提言書を取りまとめて政府に提出。このように官民を超えて国家戦略の改定について議論し提言をまとめるというのは、これまでにない試みでした。

政府はこれに加えてパブリックコメントも募集し、それらをていねいに検討したうえで、2019年12月に「SDGs実施指針改定版」を決定しました。改定版文書の最後には、「実施指針の見直しについては、国連のSDGsサミットのサイクルに合わせて、引き続き少なくとも４年ごとに実施することとする。その際、本実施指針の改定と同様に、広範なステークホルダーの参画の下に見直しを行うこととする」と記されています。「SDGs実施指針」は今後、さらに多くの人々の思いが積み重なったものになっていくでしょう。

「SDGs実施指針改定版」の主要なポイント

「2030アジェンダ」の5つの「P」(→P.22)に対応

8つの優先課題とSDGsアクションプラン

People 人間
① あらゆる人々が活躍する社会の実現・ジェンダー平等の実現
② 健康・長寿の達成

Prosperity 繁栄
③ 成長市場の創出、地域活性化、科学技術イノベーション
④ 持続可能で強靭な国土と質の高いインフラの整備

Planet 地球
⑤ 省・再生可能エネルギー、防災・気候変動対策、循環型社会
⑥ 生物多様性、森林、海洋等の環境の保全

Peace 平和
⑦ 平和と安全・安心社会の実現

Partnership パートナーシップ
⑧ SDGs実施推進の体制と手段

実施のための主要原則

(1)普遍性 (2)包摂性 (3)参画型 (4)統合性 (5)透明性と説明責任 の5原則を重視。

政府の体制

- SDGs推進の司令塔としての推進本部の機能強化。国内における広報啓発活動等実施体制のさらなる整備に努める。
- 幅広いステークホルダーとの意見交換や連携を推進。円卓会議・ステークホルダー会議等の体制強化を検討。

おもなステークホルダーの役割

ビジネス…持続的な企業成長、ESG投資、中小企業、ビジネスと人権 等
ファイナンス…公的資金と民間資金の有効な活用・動員、ESG金融、TCFD 等
市民社会…「だれひとり取り残されない」社会の実現に向け、政府との橋渡し役として、国内外への発信、政策提言 等
消費者…消費者や市民の主体的取組を推進
新しい公共…地域の課題解決に向け、地域住民やNPO等がSDGsに貢献
労働組合…社会対話の担い手としてディーセント・ワーク (→P.117、118) の実現や持続可能な経済社会の構築に貢献
次世代…持続可能な社会の創り手として幅広い分野について提言・発信
教育機関…地域や世界の諸課題の課題解決を図る人材育成、ESD (→P.15) 推進 等
研究機関…研究や科学技術イノベーションのSDGs達成に果たす役割を認識し、科学的根拠に基づき取組推進
地方自治体…SDGs達成に向けた取組加速化、各地域の多様な優良事例の発信
議会…国民の声を拾い上げ国や地方自治体の政策に反映、社会課題解決のための具体的な政策オプションの提案

広報・啓発

- 広報・啓発活動のさらなる強化を通じて、認知度向上と行動の促進、拡大、加速化。
- SDGsの裾野を拡大するため、文化や芸術といった新たな分野とも連携。
- 関連情報を集約するハブとして“Japan SDGs Action Platform”のさらなる活用。

フォローアップ・レビュー

- 推進本部、幹事会、円卓会議において取組の進捗を定期的に確認・見直し。
- 国連ハイレベル政治フォーラム (HLPF) を通じたフォローアップ・レビューに貢献。
- 実施指針は、SDGsサミットのサイクルに合わせ、少なくとも4年ごとに見直し。

出典：外務省地球規模課題総括課

2 SDGsを原動力とした地方創生

「SDGs未来都市」と「自治体SDGsモデル事業」

前出の「SDGsアクションプラン」３本柱（→P.53）のうち、地方創生に注目しましょう。内閣府は、「まち・ひと・しごと創生総合戦略」の横断的な目標として、2018年度から「地方創生SDGsの実現などの持続可能なまちづくり」を掲げています。先進モデル構築を目的に「SDGs未来都市」の選定を開始し、優れた取り組みを国内で共有するだけでなく、世界にも発信。SDGsを原動力とした地方創生を推進しています。

「SDGs未来都市」には毎年30の自治体が選定され、その中で特に先導的な取り組み10件が「自治体SDGsモデル事業」に選ばれ予算が付けられます。内閣府はこの事業を2024年度まで行い、最終的に「SDGs未来都市」に210件、「自治体SDGsモデル事業」に70件を選定予定です。

また、官民連携の促進を目的に、「地方創生SDGs官民連携プラットフォーム」も2018年に設置されています。これは、地域経済に新たな価値を創出するため、自治体と民間セクターとの連携を深め、マッチング事例をつくり出すための分科会や普及事業を行うもので、僕もさまざまな形でこの事務局業務に関わっています。

加えて、内閣府は資金の還流と再投資を生み出す「地方創生SDGs金融」にも取り組み、地方銀行や信用金庫の主体性を引き出し、自治体、地域の企業や教育機関、市民団体などの多様な活動を創出することで、2024年までに47都道府県と1724の基礎自治体（2020年６月現在）におけるSDGs達成に向けた取り組みの割合を60%、官民連携のマッチング件数を累計1000件にすることを目指しています。このように、地方創生の取り組みをSDGsの文脈に集約していこうとしているのです。

SDGs未来都市と自治体SDGsモデル事業

地方創生における自治体SDGs推進の意義

- 地方創生の深化に向けては、中長期を見通した持続可能なまちづくりに取り組むことが重要
- 自治体におけるSDGsの達成に向けた取り組みは、地方創生の実現に資するものであり、その取り組みを推進することが必要

自治体SDGsの推進

◎将来のビジョンづくり　◎関係者(ステークホルダー)との連携
◎体制づくり　◎情報発信と成果の共有
◎各種計画への反映　◎ローカル指標の設定

三側面を統合する施策推進

人々が安心して暮らせるような、持続可能なまちづくりと地域活性化を実現
地方創生成功モデルの国内における水平展開・国外への情報発信

地方創生の目標

- 人口減少と地域経済縮小の克服
- まち・ひと・しごとの創生と好循環の確立

出典：内閣府地方創生推進室

神奈川県のSDGs推進を顧問としてサポートすることに

僕が住む神奈川県もSDGsの取り組みに力を入れています。2018年1月5日、神奈川県の黒岩知事は年頭会見で、政策を下支えする概念としてSDGsを挙げました。これを受けて、神奈川県庁では急ピッチでSDGsの浸透を図ることになり、2018年２月に県庁大会議場で「SDGsフォーラム」を開催。僕が基調講演を行ったのですが、150名の会場では、最前列の黒岩知事の視線を最も熱く感じました。

そして同年４月、「神奈川県いのち・SDGs担当理事」に就任された山口健太郎さんから今後の取り組みについて相談を受け、６月13日に黒岩

知事から「神奈川県非常勤顧問（SDGs推進担当）」を拝命したのです。SDGsの国内普及に自治体の存在は極めて大きいと考えていたので、これ以上ない立場をいただきました。神奈川県非常勤顧問としての活動は、会社の「対外活動業務」と位置付けて行っています。

続く6月15日、神奈川県は「SDGs未来都市」に選定され、さらに都道府県で唯一「自治体SDGsモデル事業」にも選ばれました。これにより、都道府県のSDGs最先進モデルを内外に発信する存在となったのです。

毎月1回の顧問定例ミーティングを行うことになり、最初に取り組んだのが「かながわSDGsフォーメーション」の構造図の作成でした。広域自治体である都道府県と、市町村などの基礎自治体の役割は違うわけですが、神奈川県のSDGs関連事業について、すでにあった資料からは県庁の役割が見えてきませんでした。そこで僕なりに整理して、県内33の市町村、県民、地域の企業や県内に拠点を置く大企業、学校や研究機関など、さまざまな現場でSDGs達成に向けて取り組んでいる人たちを支えるのが県庁の役割だということを明らかにする構造図を作成。SDGs達成に向けた取り組みを県がどのように展開していくのかを示しました。

次に着手したのが、県内各地での「SDGsフォーラム」開催でした。市

かながわSDGsフォーメーション

出典：神奈川県SDGs推進課

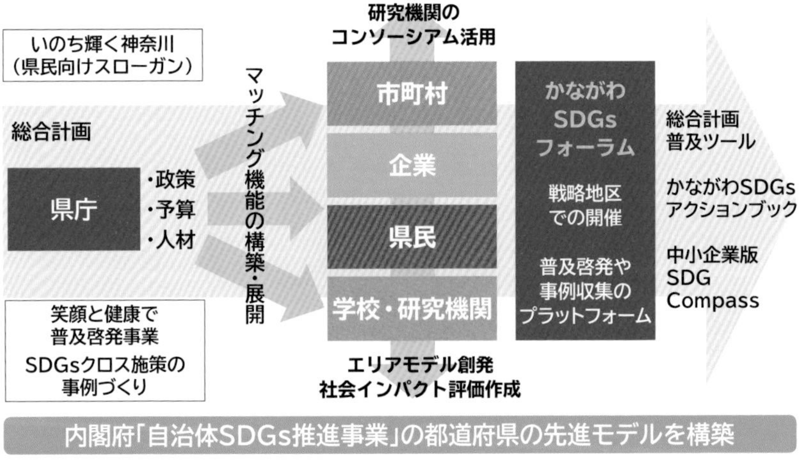

町村や市民団体の人たちと打ち合わせを行い、その地域ならではの具体的な活動を教えてもらうなどして、現場の主体性を引き出すしくみをつくりました。SDGsを総合計画に重ね合わせ、トップダウンで共有することだけが都道府県の仕事ではありません。主役は地域の人々であり、その取り組みを支えるのが県庁の役割だということを、伝えることから始めたのです。

2019年6月に神奈川県相模原市で開催された「かながわSDGsフォーラム in さがみはら」

SDGsアクションブックと中小企業SDGsガイドブック

続いて行ったのは、各地域から選び出された事例による「SDGsアクションブックかながわ」の作成です。SDGs達成に貢献する神奈川県内の事例を17ゴールに紐付けて紹介することで、県民のみなさんにSDGsが地域をよくする取り組みであることを理解してもらうとともに、SDGsを使って自分たちの活動をわかりやすく伝えるヒントになるツールとして活用してもらおうと考えました。2019年3月に完成し県内で配布したところ、とても好評で増刷を重ねたので、第２弾として「SDGsパートナーブックかながわ」を2020年３月に作成。次のステップとして、アクションをより効果のあるものにするため、連携のヒントを県内の事例で紹介しています。

「SDGsアクションブックかながわ」(左)と「中小企業のためのかながわSDGsガイドブック」(右)

また2019年４月には、約20万ある神奈川県内の企業を念頭に、SDGsを具体的に企業経営に活用するための「中小企業のためのかながわSDGsガイドブック」を発行しました。大企業向けにはさまざまな情報が発信され始めましたが、中小企業が理解しやすい情報は整理されていなかったからです。県内にある地球環境戦略研究機関（IGES）の協力のもと、神奈川県中小企業団体中央会と打ち合わせ、県内中小企業によるSDGsの活用事例を紹介。僕も中小企業向けの講演を数多く行い、SDGsの理解促進に尽力しました。

「SDGs全国フォーラム」と「SDGs日本モデル」宣言

神奈川県の顧問として行った取り組みで大きな事業となったのが、2019年１月に開催された「SDGs全国フォーラム2019」です。予想を超える1700名もの応募があり、最終的に1400名に当選を伝え、当日は1215名が参加されました。これだけの集客が実現できた大きな要因は、メディアパートナーである朝日新聞（全国版）と神奈川新聞の2018年12月25日朝刊に掲載した神奈川県のSDGs広告に、イベント告知を大きく入れたことだと考えています。朝日新聞社には、取材を含めて多くの発信をサポートしてもらいました。

このフォーラムの成果を形にして、SDGs達成には自治体の存在が不可欠であることを発信するため、「SDGs日本モデル」宣言を行うことにしました。これは、先述した「SDGsアクションプラン」に書かれた３本柱（→P.53）を踏まえたもので、外

2019年1月30日に開催された「SDGs全国フォーラム2019」

「SDGs日本モデル」宣言

「SDGs日本モデル」宣言

私たち自治体は、人口減少・超高齢化など社会的課題の解決と持続可能な地域づくりに向けて、企業・団体、学校・研究機関、住民などとの官民連携を進め、日本の「SDGsモデル」を世界に発信します。

1. SDGsを共通目標に、自治体間の連携を進めるとともに、地域における官民連携によるパートナーシップを主導し、地域に活力と豊かさを創出します。
2. SDGsの達成に向けて、社会的投資の拡大や革新的技術の導入など、民間ビジネスの力を積極的に活用し、地域が直面する課題解決に取り組みます。
3. 誰もが笑顔あふれる社会に向けて、次世代との対話やジェンダー平等の実現などによって、住民が主役となるSDGsの推進を目指します。

出典：SDGs全国フォーラム2019事務局

務省や内閣府と綿密に打ち合わせ、神奈川県庁職員だけでなく他自治体の職員のみなさんからも意見をもらいながら、準備を進めました。

フォーラム当日までに、「SDGs日本モデル」宣言には47都道府県を含む93自治体が賛同。フォーラムでは、宣言の内容を体感してもらえるように4つのセッションを設定し、国連機関、政府、自治体、企業、研究機関、市民組織などの多様なセクターに加え、次世代である中高生も登壇しました。そして、当時の片山さつき内閣府特命担当大臣が承認するという形で、「SDGs日本モデル」宣言を発表。神奈川県庁職員のみなさんの多大なる尽力により、SDGs最先進自治体として、日本社会にSDGsを浸透させるひとつのしくみをスタートさせることができました。

この宣言のポイントは、「官民連携による地方創生」「次世代との対話とジェンダー平等」はもちろんですが、ビジネスに「社会的投資の拡大」という言葉を入れたこと。地域の企業を地域の金融が支援するしくみを自治体が後押ししていくのです。

重要なのは、政府ではなく自治体がこうしたメッセージを主体的に発信したことです。自治体の業務こそSDGsそのものだという理解を促し、多くの自治体の主体性を引き出すことがカギになると考えました。

こうして大きな一歩を踏み出せたことで、「SDGs日本モデル」宣言と「SDGs全国フォーラム」は、外務省や内閣府の理解もあり、先述した「SDGs実施指針改定版」（→P.54）と「SDGsアクションプラン」にSDGs達成へ向けた具体的な施策として特記されています。この記述をきっかけに、「SDGs日本モデル」宣言に賛同する自治体は急増しました。「SDGs全国フォーラム」の第２回以降の開催地にも次々と手が挙がり、自治体のSDGs推進の基盤となりつつあります。宣言に賛同する自治体の数が、内閣府のSDGsに取り組む自治体の目標数に対する指標となるように、今後もSDGsの浸透を促進していきたいと考えています。

非常事態にこそSDGsで行動を考える

このように神奈川県の顧問としてSDGsの推進を支援する中で、気候危機や新型コロナウイルスの感染拡大など、世界で次々と同時多発的に多くの人が被害を受ける事態が起こっています。国連は、新しい枠組みを構築してこれらの危機に取り組むことが、SDGs達成においても重要であることを伝えています。

僕はSDGsを通して、住民に寄り添い、新たなしくみでサポートするのが自治体の役割であるという理解を深めてきました。住民に寄り添う自治体による重要なメッセージとして、オーストラリアのデアビン市から全世界に広がった自治体の気候非常事態宣言があります。神奈川県も、2019年９、10月に連続して上陸した台風によって県内各地が被害を受けました。現地を視察した黒岩知事は「県民のいのちを守る」と明言。もともと黒岩知事はSDGsで「いのち輝く神奈川を実現」というメッセージを発していたので、命を輝かせるためにまずは命を守ることを伝えるため、僕は神奈川県も気候非常事態宣言を出すべきだと考えました。

気候変動対策というと脱炭素対策を強調する自治体や企業が多いのですが、SDGsの「だれひとり取り残さない」を踏まえ、防災減災は現在の社会に向けた適応策であり、脱炭素は未来の社会に向けた緩和策である

かながわ気候非常事態宣言

1. 今のいのちを守るため、風水害対策の強化
2. 未来のいのちを守るため、2050年の「脱炭素社会」の実現に向けた取組みの推進
3. 気候変動問題の共有に向けた、情報提供・普及啓発の充実

気候が非常事態にあるという「危機感」を共有し、ともに「行動」していくことを目的にした気候非常事態宣言

とし、「今のいのちを守る適応策、未来のいのちを守る緩和策」という考え方に整理。2020年度の県の予算発表に合わせて、2020年２月７日に「かながわ気候非常事態宣言」が行われました。気候変動対策の予算は約457億円。言葉だけではなく実効性のある宣言になったのです。

そして2020年春、全世界に広がった新型コロナウイルス感染症。神奈川県は「未病（ME-BYO）」政策（→P.92）を進めているだけに、その知見を発揮して政府への影響力を強めていましたが、僕はさらに、SDGs最先進自治体・神奈川としてのメッセージを発信する必要性を感じていました。思案の末、住民が主体となっているさまざまな活動を共有し、地域の中小企業が危機を乗り越えるアイデアを得られる特設ウェブページの作成を思い付いたのです。ヒントになったのは、茅ヶ崎市の女性たちが始めた、外出自粛による食事準備の負担軽減と、飲食店支援となるテイクアウトを結び付けた「茅ヶ崎フードアクション」でした。

神奈川県のSDGs推進課と相談したところ、翌日には県庁ウェブサイト内に特設ページ「SDGsアクションで新型コロナウイルス感染症を乗り越えよう」が立ち上がりました。県内33の自治体と県庁で連絡を取り合い、情報が集約できるしくみが構築され、10日ほどでSDGsとの関連が説明された事例が多数ひしめくサイトに成長。アイデアと行動、SDGsのゴール17に書かれた「パートナーシップ」によって地域のつながり・活力を維持する県内の取り組み情報が、日々更新されています。

このように、SDGsを活用すると、地球規模の危機を生活の視点でとらえることができるのです。非常事態にこそSDGsで行動を考えることで、多くの人と勇気を分かち合えると思います。

3 国連に見るローカライゼーション

毎年開催の「ハイレベル政治フォーラム」2017年、日本はPPAPを合言葉に発信

2013年、国連総会で「ハイレベル政治フォーラム（HLPF)」が設置されました。そして2015年９月に採択された「2030アジェンダ」では、全世界レベルで「成功、課題、教訓を含む経験の共有を促進し、フォローアップのための政治的リーダーシップ、指導、助言を提供」することが定められ、「自発的国家レビュー」を基幹として2016年から毎年７月にHLPFが開催されています。毎回40程度の国と地域から大臣クラスが集まり、それぞれの具体的な取り組みを発表しています。

日本は、2017年に当時の岸田外務大臣が発表することになりました。この業務を博報堂として受託でき、日本政府が発表する報告書や、事例を編集した動画のほか、国内外への広報も兼ねた動画も制作。全体の方針は、「日本は官民が連携してSDGsに取り組んでいることをわかりやすく伝えること」で、そのキーワードとなったのが「PPAP」です。世界中で流行しYouTubeの視聴回数が１億回を超えた、ピコ太郎さんの歌のタイトルですね。この言葉を起用した背景を説明します。

もともと官民連携は英語で「PPP（Public Private Partnership)」と言いますが、外務省のみなさんが「国内外に日本のSDGsの取り組みを楽しくわかりやすくアピールしたい」と考え、「PPAP（Public Private Action for Partnership)」とアレンジすることを思い付いたのです。そして、ピコ太郎さんとエイベックス株式会社のご協力で「PPAP SDGsバージョン」を制作、YouTubeで配信して短期間で何十万という視聴回数を記録しました。その後、HLPFの前にピコ太郎さんが岸田外務大臣を表敬訪問する機会を設け、大臣から正式にピコ太郎さんをニューヨー

クへ招待することが実現。ピコ太郎さんは、国連本部で行われた日本政府主催のレセプションパーティーで、各国の政府団や国連機関の関係者500名の前で、国連インターナショナルスクールの子どもたちと一緒に英語でパフォーマンスを行い、大喝采を受けました。

HLPFには僕も業務として同行し、日本政府の発表にも立ち会いました。岸田大臣は日本のSDGsの取り組みは「PPAP」だと述べ、政府、自治体、研究機関や企業、非営利組織の取り組みなどを英語で説明。続けて、JICA、自治体、企業などの具体的な取り組みを紹介する動画が流れました。発表の後、会場から質問を受けた岸田大臣は、次のように答えました。「日本は、持続可能な社会づくりにおいて、少子化と高齢化社会、都市と地方の格差、そして働き方改革、さらにはジェンダー問題といった課題が山積しており、これらの国内問題を解決しながら国際貢献していかねばなりません」と。時の外務大臣が、このように自分の言葉で国内問題を語ったことが、僕には非常に印象的でした。

2017年のハイレベル政治フォーラムに出席した岸田外務大臣（当時）とピコ太郎さん

2017年のハイレベル政治フォーラムで発表する岸田外務大臣（当時）

「PPAP＝官民連携」の体現に奔走

さて、先にも述べたとおり、日本のSDGsのキーワードは「PPAP＝官民連携」です。2017年のHLPFでは外務大臣が話をしましたが、次は政府ではない立場から国連の場で声を上げなければ、ほかの国などから

「日本はPPAPと言っていたが、あれは政府のパフォーマンスだったのか」と言われてしまいます。僕は、2017年のHLPF関係業務に関わって官民連携の重要性を肌で感じた者として、このコンセプトを継承しなければならないと考えました。

そこで思い至ったのが、2019年の節目のタイミングでの発表です。国連では４年に１度の中間チェックを行うことが決まっています。それまでに日本の取り組みをまとめる会議を国内で開催し、その結果を国連に持っていく。これを実行しようと考えました。官民一体となったイベント開催に向け、さまざまな方々と相談し、模索を続けましたが、なかなか実現の目処が立ちませんでした。しかし僕が神奈川県の顧問になったことから、一気に流れが変わりました。「SDGs全国フォーラム2019」の開催（→P.60）。これが僕のたどり着いた答えでした。

官民連携による日本国内のSDGsの取り組みをひとつのイベントに集約して、それを"宣言"という形の成果物とし、国連に持っていく。そして国連で、政府ではない立場の人間が、日本社会の取り組みを力強く発信する。それが、神奈川県の黒岩知事の国連スピーチとして実現したのです。これは単に、自治体のトップが自らの取り組みだけをアピールするというものではなく、日本社会の取り組みを代表して発信するという、大きな意味のあるものだったのです。

日本ならではのSDGsを世界に発信

多くの方々のご助力もあって、国連から黒岩知事が正式に招待されることになり、2019年７月のHLPFにおける「Local2030」というサイドイベントでプレゼンテーションを行うことになりました。この、各国の自治体首長が集まった「Local2030」では、「もっと官と民が寄り添って具体的なアクションを取らなければならない」ということを中心に議論が行われていました。

そこで黒岩知事は次のように語りました。「神奈川県は2016年から、

2019年7月のHLPFで開催されたサイドイベント「Local 2030」で拍手を受けながらスピーチをする黒岩知事

社会参画を通じて医療に頼らない健康管理を目指す『未病(ME-BYO)』(→P.92)という取り組みにSDGsを紐付けた情報発信を先進的に展開してきました。そして官民が連携したオールジャパンによる『SDGs全国フォーラム』を主催し、100の自治体が賛同する『SDGs日本モデル』宣言を取りまとめました」。すると話している最中から拍手がわき起こり、黒岩知事がお気に入りのフレーズである「SDGsをミッション、パッション、アクションで進めていきましょう！」と力強くスピーチを締めた瞬間に、会場全体がわーっと大きくわき立ったのです。黒岩知事が最高のパフォーマンスを披露してくださり、それまで入念に準備をしてきた甲斐がありました。

知事に代わり国連本部でスピーチ 神奈川から官民連携を呼びかけ

HLPFから2か月後の2019年9月、国連総会で初めての「SDGsサミット」が開催されました。会期中、国連開発計画(UNDP)が「City2City Network（都市間ネットワーク）」をテーマにしたハイレベル・サイドイベントを開くことになっていました。そのねらいは、慢性的な交通渋滞、人口増加など、途上国・先進国に関係なく社会・環境問題を共有し、国際的な都市間ネットワークをつくり、課題解決に向けて互いが学び合えるシステムをつくることです。

このイベントに、「SDGs日本モデル」宣言や「未病（ME-BYO)」の取り組みのユニークさが評価され、神奈川県が招待されました。ただ、県議会の日程と重なり、黒岩知事も幹部職員も出席することができなかったので、顧問である僕が知事の名代として行くことになりました。招待状が県庁に届いたのが2019年９月10日で、翌11日に僕が行くことが決まり、その約２週間後に国連本部でスピーチをしたのです。

その10年前、COP10（→P.5）でスピーチした際にお世話になった英会話の先生、伊藤雄吉さんに、今回もスピーチライティングとレッスンをお願いしました。スピーチをするのはどういう場で、何が期待されているのか、僕が伝えたいことは何かなどを、図を書いて整理し、約５分のスピーチが完成。練習を繰り返し、９月26日の本番を迎えました。

あまりの緊張から、スピーチの冒頭で「I speak Japanese every day」と極めて簡単なジョークを言ってみたら、生まれて初めて英語で笑いが取れて、少し緊張がほぐれました。その直後に「提案をしたい」と切り出し、次のように伝えました。「日本は気候変動や超高齢化社会において課題先進国。その中で神奈川県は900万人の人口を擁し、緊急に対応する必要がある。今こそ、地球規模の課題の解決方法について学び合うラボをみなさんのまちにもつくって、ネットワークを築こう」。

これに加え、どうしても言及したかったことがありました。このスピーチの数日前に、スウェーデンの環境活動家であるグレタ・トゥーンベリさんが演説で使った「裏切るなら絶対に許さない」というフレーズです。僕は普段から国内の講演で次世代への責任について話しているので、急きょスピーチに加えました。「自治体が官民連携を進めることで、次世代をこれ以上裏切らないことを示そう」と。

最後に、アジア初となる「SDGsアクションフェスティバル」を神奈川で開催することを発表しました。このフェスティバルは毎年４月にドイツのボンで開催されています

2019年9月に国連で開催された「SDGsサミット」のハイレベル・サイドイベントにて、僕は黒岩知事の名代でスピーチを行った

が、「SDGs全国フォーラム」開催の実績が評価され、アジアでの開催地を探していたUNDPから打診があったのです。僕は、「神奈川でお会いしましょう」という言葉でスピーチを締めくくりました。

懇親会では、UNDPの幹部から「提案内容を吟味する」と言われたり、国際連合人間居住計画（UN-HABITAT）の方から「連携を模索しよう」と声をかけられたり。名代としての任務は何とか完了。黒岩知事が名代を出すのはこれが初めてだったと、後になってご本人から聞きました。

SDGsサミットでの総理のスピーチ

一方、国連総会中に開催された「SDGsサミット」では、安倍総理がスピーチをしました。ポイントは、海洋プラごみ汚染ゼロ、教育の推進と女性のエンパワーメント（→P.100）、ユニバーサル・ヘルス・カバレッジ（→P.91）の実現という国際目標と、「ジャパンSDGsアワード」や「SDGs未来都市」でSDGsを推進していくという国内目標。そして、次のSDGsサミットまでに国内の取り組みを２つのカギで加速させると説明しました。第１のカギは民間企業で、ESG投資やイノベーションでSDGs経営を後押しすること。第２のカギは地方創生で、コミュニティの活性化で環境と成長の好循環をつくること。その成果を、2023年のSDGsサミットで日本政府は発表します。それまでに、民間企業や自治体、そして市民社会はどんな具体的な取り組みを進められるでしょうか。私たちも、今こそSDGsを“自分ごと”にして、行動しましょう。

SDGsの具体的な現場は、私たち一人ひとりの足元です。国連は、持続可能な社会に向けた長きにわたる議論の成果を導くために、ローカライゼーションを浸透させる工夫を続けています。

Kawatei's Eye

SDGsの本質に迫るきっかけは「国際会議の空気を吸って来い」

現場に足を運んで同じ空気を吸い込む。同じ気持ちになってシャッターを切る。被写体は自分の投影でもある。気候変動の影響なのか、砂浜がなくなり海水浴場が閉鎖されるというニュースをよく聞くようになった。夏休みという言葉がもつ響きが、いつまでも子どもたちの心をときめかせるものであってほしい。SDGsで守りたいのはそんな宝物でもあると思うのだ。

2005年から環境省が展開していた地球温暖化防止国民運動「チーム・マイナス6%」。僕はその業務に従事しており、国連が世界に呼びかけていることを暮らしに落とし込むため、スポーツの現場で実感する地球温暖化をメッセージにしようと考えた。その際、国際大会での対策や協賛企業の取り組みなどを把握する必要があった。

2007年の秋、北京五輪のプレイベントとして「スポーツと環境世界会議」が北京で開催されることに。僕は英語が苦手だったが、今は亡き父が「国際会議の空気を吸って来い」と背中を押してくれ、海外で開催される国際会議に初めて出席した。

会議では、スポーツの国際大会における温室効果ガスの削減対策、協賛企業による新技術実装の事例などの発表を聞いた。英語がわからなくても視覚的資料が助けになり、自分なりに理解したことを帰国後に社内会議などで共有。周りから「これが世界の潮流なのか」という反応があり、大きな手応えを感じた。

SDGsの現場は世界のどこかの小

さな集落やコミュニティだが、SDGsは国連で採択されたものであり、どのように取り組んでいくかを共有して行動力を高めていく場は国連本部だと言える。国連本部に足を運ぶと議論の本質を体感することができ、さらに、世界中から集まる人々が醸し出す空気感からも何かがつかめるように思う。その空気感こそが、自分の思考に奥行きをつくり、前進する力を与えてくれる。

今こうしてSDGsの本質に迫ることができるようになったのは、あのときの父の言葉のおかげだ。

SDGs Key Player 3

吉田綾（よしだ あや）さん

外務省
国際協力局 地球規模課題総括課長

よしだ あや●外務省入省後、在米国日本大使館、北米局、総合外交政策局国連政策課、中東局、南部アジア部、在インド日本大使館、総合外交政策局女性参画推進室長、国際協力局気候変動交渉官を経て、2016年夏からIEA（国際エネルギー機関）に出向。2019年夏より現職。SDGsをはじめとする国際協力を推進している。

どのようにSDGsに関わっていますか？

地球規模課題総括課長としてSDGsの普及・実施に携わっています。政府の役割は規制をつくることではなく、みなさんの取り組みを広めていったり、さまざまなセクターをつないだりする、媒介やファシリテーターのようなものだと考えています。積極的に行動する熱意あふれる人たちと出会い、マルチ・ステークホルダーで協働するおもしろさがあり、私自身も楽しんで取り組んでいます。

振り返ると、インドで開発の現場を肌で感じ、気候変動交渉に携わった後にはエネルギー分野に関わるなど、SDGsのさまざまなゴールに取り組んできました。しかし今、17ゴールを全体として見ることで、バラバラだったものがつながっています。

吉田さんにとってSDGsとは何ですか？

みなさんと一緒に、マルチ・ステークホルダーで取り組むもの、ですね。SDGsのハードルは非常に高く、従来のやり方では達成できません。革新的なアプローチが必要なのです。

でも、いろいろな人がつながり、それぞれの知恵と能力を持ち寄れば、より前に進みます。政府だけでは限界がありますが、企業や自治体、市民社会など、さまざまなセクターが一緒になって取り組むことで、変わってくることは大きいと思っています。たとえば、実際にここ数年でお金の流れがどんどん変わってきていると感じます。

Chapter 4

SDGsをもっと知ろう！

2016年12月22日、「SDGs実施指針」（→P.53）の策定に合わせて「SDGs市民社会ネットワーク」（→P.173）が行った官民連携による記者会見には、SDGs推進円卓会議の民間、学界、国連機関・NGO、政府担当者などのメンバーが参加した　©Masahiro Kawatei

SDGsの全体像や枠組み、さまざまな動きについて理解が深まりました。17ゴールの中身についても詳しく知りたいです。

17ゴールと169ターゲットを見ていきましょう。国連が発表している「事実と数字」から世界の現状を知り、国内の多彩な活動でさらに理解を深めてもらえたらと思います。

「SDGsとターゲット新訳」を制作

これまで、「SDGsとターゲット」（→P.21）の日本語は政府仮訳が活用されてきましたが、SDGsに取り組んでいくために、よりわかりやすい日本語訳が必要だという声が多数上がっていました。この本を出版するにあたり、SDGs研究の第一人者である蟹江憲史さん（→P.32）と相談して、思い切って「新訳」を制作し本書に掲載することにしました。新訳の制作にあたっては、SDGs普及の歩みを共にしてきた方々に委員をお願いし、本書の各ゴール取り組み事例で取材をした方々に専門領域の観点から意見をもらうアドバイザーとなっていただくなど、多様なメンバーによる制作委員会を構成し、以下の方針で制作を進めました。

1. 国連文書の原文を尊重しつつ、日本政府仮訳を参考にしながら、日本語としてわかりやすいものにする。

2. 一般的ではない専門用語や政府用語は、原文の意味を踏まえてわかりやすい日本語にし、必要に応じて注釈を入れる。

「SDGsとターゲット新訳」制作委員会

- **委員長**：蟹江憲史（慶應義塾大学大学院政策・メディア研究科教授）
- **副委員長**：川廷昌弘（博報堂ＤＹホールディングス）
- **委員**：上田壮一（Think the Earth）、国谷裕子（キャスター）、小島まき子（アーク・コミュニケーションズ）、末吉里花（エシカル協会）、水野雅弘（SDGs.TV）
- **アドバイザー**：大西連（自立生活サポートセンター・もやい）、西村和代（エディブル・スクールヤード・ジャパン）、山口健太郎（神奈川県理事）、辰野まどか（グローバル教育推進プロジェクト）、石本めぐみ（ウィメンズアイ）、山田健（サントリーホールディングス）、藤川まゆみ（上田市民エネルギー）、蒲田千佳（ロータスコンセプト）、太田康子（リコージャパン）、相模原市SDGs推進室、吉澤武彦（日本カーシェアリング協会）、眞々部貴之（楽天）、岸由二（鶴見川流域ネットワーキング）、猪澤也寸志（エコガイドカフェ）、速水亨（速水林業）、高橋亜美（アフターケア相談所 ゆずりは）、三輪敦子（SDGs市民社会ネットワーク）、ペオ・エクベリ、エクベリ聡子（One Planet Cafe）　※敬称略

「SDGsとターゲット」をさらに普及

「SDGsとターゲット新訳」のほかにも、「SDGsとターゲット」普及のためのさまざまな取り組みがあります。ここでは2つ紹介しますね。

SDGsを多くの人に知ってもらいたいと、博報堂のアートディレクターの伊藤裕平くんとコピーライターの大石将平くんが思い付いたのが、2017年に発表された「ひとこと多い張り紙」です。日常でよく見かける張り紙に使われている言葉を使って、SDGsの17ゴールとその課題を身近に感じてもらうことを目的に、職場、店舗、学校などで活用してSDGsを自分ごと化してもらいたいという思いでつくられたものです。これはJANIC（国際協力NGOセンター）との共同開発で、日常と世界の課題をつなぐ「ひとこと多い張り紙」のワークショップツールもあります。

また、本書の169ターゲット紹介ページにも掲載していますが、17ゴールと同様に169ターゲットのアイコンも制作されています。実はこのアイコンには英語のスローガンが存在しますが、その日本語化を2016年から蟹江さんと構想。2020年に、企業の支援を得て朝日新聞と博報堂ＤＹメディアパートナーズが運営し、全国の中高生など次世代が参加する「みんなでつくる、みんなの目標！SDGs169ターゲットアイコン日本版制作プロジェクト」という企画になりました。これはSDGsの教育プログラムであり、日本社会へのメッセージとなることを期待したものです。

このようにツールを整備することで、だれもが、いつでも、どこでも、だれとでも、SDGs達成に向けて行動できるようになればと願っています。

目に留まるメッセージとデザインが特徴の「ひとこと多い張り紙」 ©Ayumi Fujita

「SDGs169ターゲットアイコン日本版制作プロジェクト」のロゴ

Goal 1

あらゆる場所で、あらゆる形態の貧困を終わらせる

全世界で極度の貧困状態にある人の数は、1990年の19億人から、2015年には8億3600万人へと大幅に減りましたが、いまだに7億人以上が1日1.90ドル未満で暮らしています。気候変動や紛争、食料不安により新たな脅威が生じる中で、この割合は今後さらに上昇し、飢餓や栄養不良、社会的差別や排除など、貧困はさまざまな形で表れます。貧困の解消はSDGsを達成するために不可欠なのです。

参考：国連開発計画（UNDP）駐日代表事務所ウェブサイト、国連広報センター（UNIC）ウェブサイト

Facts & Figures（事実と数字）

- 世界人口の約10%にあたる7億人以上が1日1.90ドル未満で生活するという極度の貧困状態にある。
- 世界的に、25～34歳の年齢層で極度の貧困状態で暮らす人々は、男性100人につき女性122人となっている。
- 1日1.90ドル未満で暮らす人々が多いのはサハラ以南アフリカ。
- 脆弱で紛争の影響を受ける小さな国々で貧困率が高いことが多い。
- 2018年時点で、世界人口の55%が社会保障を利用できていない。

出典：UN「Sustainable Development Goals」ウェブサイト（2020年6月23日時点）

⊙1日1.90ドル未満で生活する極度の貧困状態にある人々の割合

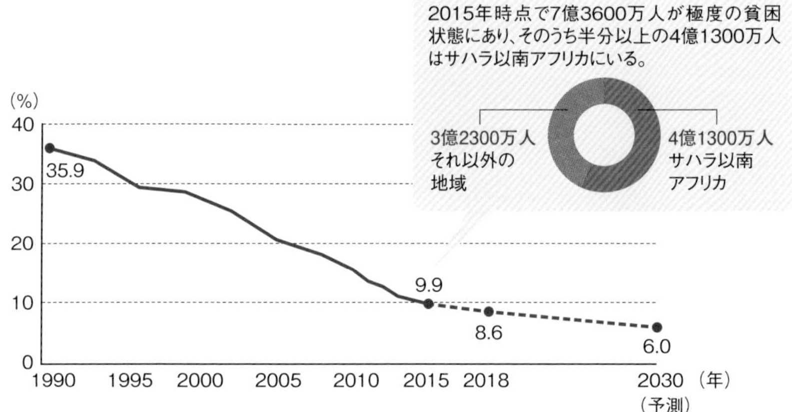

出典：UN「The Sustainable Development Goals Report 2019」

ゴール1のターゲット

1.1 2030年までに、現在のところ1日1.25ドル未満で生活する人々と定められている、極度の貧困※1をあらゆる場所で終わらせる。

1.2 2030年までに、各国で定められたあらゆる面で貧困状態にある全年齢の男女・子どもの割合を少なくとも半減させる。

1.3 すべての人々に対し、最低限の生活水準の達成を含む適切な社会保護制度や対策を各国で実施し、2030年までに貧困層や弱い立場にある人々に対し十分な保護を達成する。

1.4 2030年までに、すべての男女、特に貧困層や弱い立場にある人々が、経済的資源に対する平等の権利がもてるようにするとともに、基礎的サービス、土地やその他の財産に対する所有権と管理権限、相続財産、天然資源、適正な新技術、マイクロファイナンスを含む金融サービスが利用できるようにする。

1.5 2030年までに、貧困層や状況の変化の影響を受けやすい人々のレジリエンス※2を高め、極端な気候現象やその他の経済、社会、環境的な打撃や災難に見舞われたり被害を受けたりする危険度を小さくする。

1.a あらゆる面での貧困を終わらせるための計画や政策の実施を目指して、開発途上国、特に後発開発途上国に対して適切で予測可能な手段を提供するため、開発協力の強化などを通じ、さまざまな供給源から相当量の資源を確実に動員する。

1.b 貧困をなくす取り組みへの投資拡大を支援するため、貧困層やジェンダーを十分勘案した開発戦略にもとづく適正な政策枠組みを、国、地域、国際レベルでつくり出す。

※1　極度の貧困の定義は、2015年10月に1日1.90ドル未満に修正されている。
※2　レジリエンス：回復力、立ち直る力、復元力、耐性、しなやかな強さなどを意味する。「レジリエント」は形容詞。

SDGs Initiative

 貧困問題の社会的解決

認定NPO法人自立生活サポートセンター・もやい

■■■■

「経済的な貧困」と「人間関係の貧困」を さまざまな「つながり」づくりで解決へ

バブル崩壊やリーマンショックを機に表面化した日本の貧困問題。ホームレスの支援から活動を始めた「もやい」は、経済的な貧困だけでなく人間関係の貧困にも着目し、さまざまな「つながり」づくりのため、入居支援事業、生活相談・支援事業、交流事業、広報・啓発事業を展開しています。行政への提言にも力を入れており、貧困の背景にある課題の連鎖に目を向け、社会のあり方を問い、分断を起こさない社会づくりを目指しています。

For SDGs
もやいの取り組み

1 生活相談・支援事業

生活に困難を抱える人に向けて、電話や対面での相談を実施。週2回の「もやいホットライン」と週1回の面接相談を合わせて、年間約4000件もの相談を受ける。利用できる公的なサービスの紹介や、生活保護申請の同行など、制度利用のサポートも行う。近年は生活保護申請後のフォローにも力を入れている。まずはSOSを受け止め、生活再建から自立、社会的孤立解消へと、支援をつなげていく。

電話、メール、面接など、さまざまな形で生活相談を行っている

2 入居支援事業

ホームレス状態にある人がアパートでの生活を始められるよう、もやいが連帯保証人や緊急連絡先の引き受けを行う。これまでにのべ3000世帯以上を支援してきた。入居後も、郵便による安否確認や、トラブルがあった場合の訪問対応を実施。経済的貧困者だけでなく、性的マイノリティや外国人、DV被害者なども幅広く対象とする。さらに近年、宅地建物取引業の免許を取得し、不動産の仲介事業も行っている。

住まいを確保することは生活の基盤。生活相談とも連携してサポートする

SDGs Message

支援した人の生活がよくなるだけでは不十分で、社会のしくみを変える必要があります。それを痛感したのは東日本大震災のとき。弱い立場の人ほど生活再建が難しい現実を突き付けられました。新型コロナウイルスで大きな影響を受けるのも弱い立場の人たち。社会変革は壮大な目標ですが、「声を届ければ変わる」という手ごたえはあります。

大西 連
もやい 理事長

17人の変革者 1

一人ひとりに寄り添い続け、現場から政策を変えていく大西さん。目の前の人を助け、解決に向けて自ら動くことが、継続のエネルギーだと教えてくれます。

Goal 》2

飢餓を終わらせ、
食料の安定確保と
栄養状態の改善を実現し、
持続可能な農業を促進する

過去20年間の経済成長と農業生産の拡大によって、栄養不良の人の割合はほぼ半減しました。しかし依然として8億人以上が慢性的な栄養不良に陥っています。さらに、気候変動は私たちが依存する食料を含む資源を脅かし、生産と供給の歯車を狂わせます。すべての人々が1年を通じて栄養のある食料を十分に得られるようにするには、グローバルな食料システムを根本的に変える必要があります。

参考：国連開発計画（UNDP）駐日代表事務所ウェブサイト、国連広報センター（UNIC）ウェブサイト

Facts & Figures（事実と数字）

- 2017年時点で８億2100万人が栄養不良に陥っている。
- 世界で飢餓に苦しむ人々の多くが暮らす開発途上国では、人口の12.9%が栄養不良の状態にある。
- ５歳未満の子どもの死亡の約半分（45%）は栄養不良が原因で、年間310万人に上る。
- 女性の農民が男性と平等に資源を利用することができれば、全世界で飢餓に苦しむ人々を１億5000万人減らせる可能性がある。

出典：UN「Sustainable Development Goals」ウェブサイト（2020年6月23日時点）

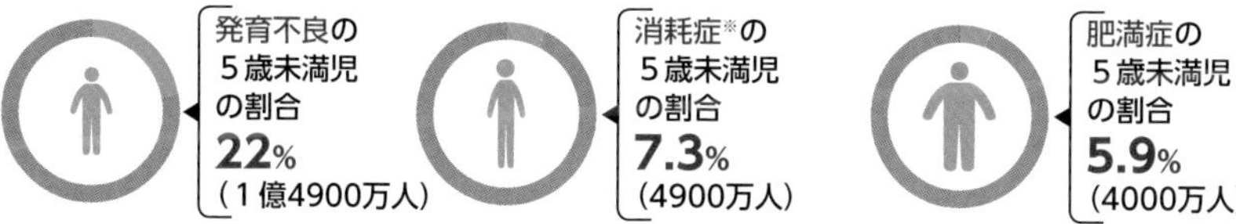

※急性または重度の栄養不足から生じ、体組織の破壊が起こって極度に消耗する症状。

世界の栄養不良人口とその割合

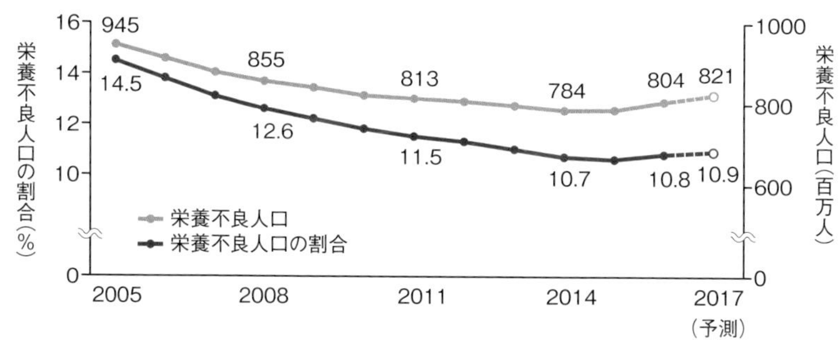

出典：UN「The Sustainable Development Goals Report 2019」

ゴール2のターゲット

2.1

2030年までに、飢餓をなくし、すべての人々、特に貧困層や乳幼児を含む状況の変化の影響を受けやすい人々①が、安全で栄養のある十分な食料を1年を通して得られる②ようにする。

2.2

2030年までに、あらゆる形態の栄養不良を解消し、成長期の女子、妊婦・授乳婦、高齢者の栄養ニーズに対処する。2025年までに5歳未満の子どもの発育阻害や消耗性疾患について国際的に合意した目標を達成する。

2.3

2030年までに、土地、その他の生産資源や投入財、知識、金融サービス、市場、高付加価値化や農業以外の就業の機会に確実・平等にアクセスできるようにすることなどにより、小規模食料生産者、特に女性や先住民、家族経営の農家・牧畜家・漁家の生産性と所得を倍増させる。

2.4

2030年までに、持続可能な食料生産システムを確立し、レジリエント[※1]な農業を実践する。そのような農業は、生産性の向上や生産量の増大、生態系の維持につながり、気候変動や異常気象、干ばつ、洪水やその他の災害への適応能力を向上させ、着実に土地と土壌の質を改善する。

2.5

2020年までに、国、地域、国際レベルで適正に管理・多様化された種子・植物バンクなどを通じて、種子、栽培植物、家畜やその近縁野生種の遺伝的多様性を維持し、国際的合意にもとづき、遺伝資源やそれに関連する伝統的な知識の利用と、利用から生じる利益の公正・公平な配分を促進する。

2.a

開発途上国、特に後発開発途上国の農業生産能力を高めるため、国際協力の強化などを通じて、農村インフラ、農業研究・普及サービス、技術開発、植物・家畜の遺伝子バンクへの投資を拡大する。

2.b

ドーハ開発ラウンド[※2]の決議に従い、あらゆる形態の農産物輸出補助金と、同等の効果がある輸出措置を並行して撤廃することなどを通じて、世界の農産物市場における貿易制限やひずみを是正・防止する。

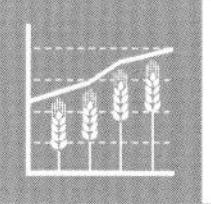

2.C 食料価格の極端な変動に歯止めをかけるため、食品市場やデリバティブ※3市場が適正に機能するように対策を取り、食料備蓄などの市場情報がタイムリーに入手できるようにする。

新訳ポイント

① 原文にあるpeople in vulnerable situationsのvulnerableは「弱い、脆弱な、攻撃を受けやすい、被害に遭いやすい、傷つきやすい」という意味。ここでは少し意訳して、社会的・経済的・環境的な「状況の変化の影響を受けやすい人々」という日本語にした。

② 原文にあるaccessにはさまざまな意味があるが、169ターゲットでは「利用する・入手する権利」という意味で使われている場合が多い。ここでは「得られる」とした。

※1 レジリエント：（災害に強く）回復力のある、復元力のある、立ち直りが早い、弾力（性）のある、などを意味する。「レジリエンス」は名詞。

※2 ドーハ開発ラウンド：2001年11月のドーハ閣僚会議で開始が決定された、世界貿易機関（WTO）発足後初となるラウンドのこと。閣僚会議の開催場所（カタールの首都ドーハ）にちなんで「ドーハ・ラウンド」と呼ばれるが、正式には「ドーハ開発アジェンダ」と言う。

※3 デリバティブ：株式、債券、為替などのもとになる金融商品（原資産）から派生して誕生した金融商品のこと。

©鳥谷部有子

東京都多摩市立愛和小学校のエディブル・スクールヤード。食を通じて生命のつながりや世界の課題について学ぶ菜園教育を行っている（→P.86）

SDGs Initiative

Case 2 エディブル・エデュケーション

一般社団法人エディブル・スクールヤード・ジャパン（ESYJ）

食を通じて「いのちの循環」を体感し 生きる力と地球規模での思考力を養う

エディブル・スクールヤード・ジャパン（ESYJ）は、アメリカの食育活動家、アリス・ウォータースさんが提唱する「エディブル・エデュケーション」の理念と手法にもとづき、校庭に菜園をつくり、子どもたちが体験的に食の大切さや生命（いのち）のつながりを学ぶ機会を提供しています。食を切り口に、飢餓はもちろん、貧困や気候変動など、さまざまな課題を地球規模で考えられる人を育てる、「生きる力教育」とも言えるものです。

ESYJの取り組み

■ 愛和小学校のエディブル・スクールヤード

食を通じて生命のつながりを体験的に学ぶ菜園教育。その実践モデルとして2014年にスタートしたのが、東京都多摩市立愛和小学校のエディブル・スクールヤードだ。ニワトリ小屋やコンポスト（堆肥）づくりの場所を設置したオーガニック菜園を学びの場とし、教員とともに、ガーデンティーチャー、シェフティーチャーと呼ばれる専門家が、「いのちの循環」をテーマにした教科横断型の授業を、おもに生活科や理科、総合的な学習の時間に行う。

たとえば「ライスプロジェクト＋SDGs」の授業では、米を題材に里山の恵みを学び、田んぼで米を育てて稲刈りをし、おむすびをつくって食べ、さらに「未来をつくるひとになろう」というワークショップで自分たちができることを出し合い、アクションにつなげていく。

このように、食べることを通して世界の国々の状況を知り、食の貧困、格差を大きな視点でとらえることを促すのがエディブル・エデュケーション。食育というだけでなく、地球規模でものを考える人を育てる教育だ。

ニワトリの飼育によって、人と生き物のつながりや「いのちの循環」を体感する

シェフティーチャーと一緒に、自分たちが育てた野菜で料理をする時間も

SDGs Message

わが子に安心・安全な食品を選びたい。このシンプルな思いが私の活動の原点です。菜園教育は、子どもの心と体の健康を満たし、持続可能な生き方のヒントをくれます。食の問題だけでなく、貧困の解消や気候変動の緩和など、さまざまな問題の解決にもつながる「同時解決性」という点で、エディブル・エデュケーションはSDGsそのものです。

西村 和代
ESYJ 共同代表

17人の変革者 ❷

西村さんは、母親や経営者、ESYJの共同代表として、多様な立場から食を通した社会のあり方を考えて、エディブル・エデュケーションの必要性を語っています。

Photo：鳥谷部有子

Goal 3

あらゆる年齢のすべての人々の健康的な生活を確実にし、福祉を推進する

MDGs（→P.16）の策定以来、幼児死亡率の引き下げ、妊産婦の健康改善、HIV、マラリア、その他の疾病対策の分野では進捗がありました。しかし、幅広い疾病を全面的に根絶し、新旧の多種多様な健康問題に対処するためには、さらに多くの取り組みが必要とされています。安価な医薬品の提供とワクチンに関する研究開発への支援は、目標達成のための不可欠な要素となっています。

参考：国連開発計画（UNDP）駐日代表事務所ウェブサイト、国連広報センター（UNIC）ウェブサイト

Facts & Figures（事実と数字）

- 1990年以来、１日あたりの子どもの死亡数は１万7000人減少したものの、毎年500万人を超える子どもが、５歳の誕生日を迎える前に命を落としている。
- 2000年以来、妊産婦の死亡数は37％減少している。
- 開発途上地域の妊産婦死亡率は、依然として先進地域の14倍に上る。
- 2017年時点で、全世界のHIV感染者数は3690万人に上る。
- 2017年に、エイズ関連の疾病で94万人が死亡した。

出典：UN「Sustainable Development Goals」ウェブサイト（2020年6月23日時点）

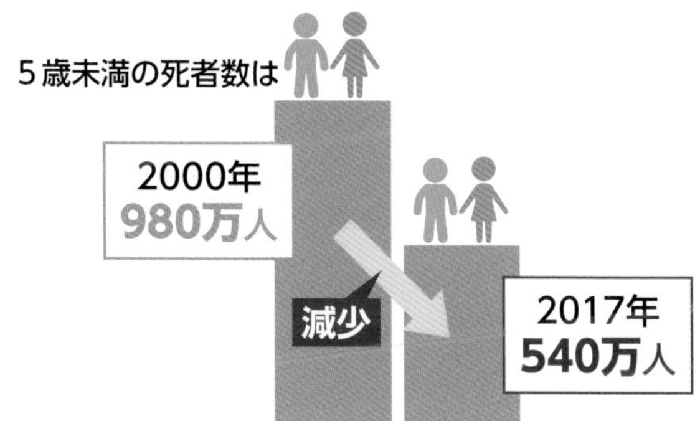

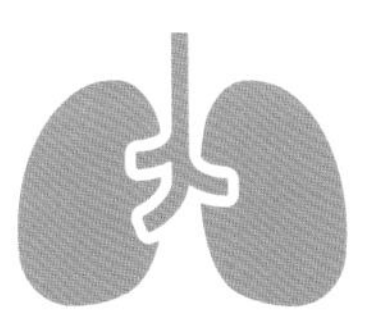

結核感染率は2000年から2017年に**21％低下**したが、2017年時点で**1000万人**が結核を発症

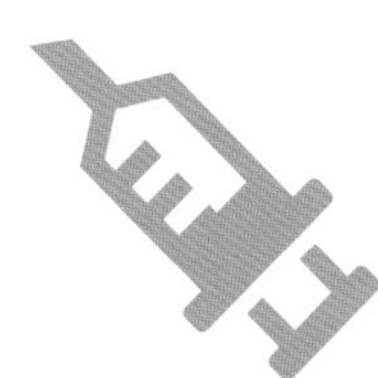

予防接種により、2000年から2017年までに、はしかによる死者は**80％減少**した

出典：UN「The Sustainable Development Goals Report 2019」

ゴール3のターゲット

3.1 2030年までに、世界の妊産婦の死亡率を出生10万人あたり70人未満にまで下げる。

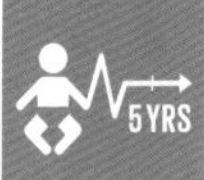

3.2 2030年までに、すべての国々が、新生児の死亡率を出生1000人あたり12人以下に、5歳未満児の死亡率を出生1000人あたり25人以下に下げることを目指し、新生児と5歳未満児の防ぐことができる死亡をなくす。

3.3 2030年までに、エイズ、結核、マラリア、顧みられない熱帯病[※1]といった感染症を根絶し、肝炎、水系感染症、その他の感染症に立ち向かう[①]。

3.4 2030年までに、非感染性疾患による若年層の死亡率を予防や治療により3分の1減らし、心の健康と福祉を推進する。

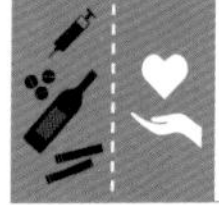

3.5 麻薬・薬物乱用や有害なアルコール摂取の防止や治療を強化する。

3.6 2020年までに、世界の道路交通事故による死傷者の数を半分に減らす。

3.7 2030年までに、家族計画や情報・教育を含む性と生殖に関する保健サービスをすべての人々が確実に利用できるようにし、性と生殖に関する健康（リプロダクティブ・ヘルス）を国家戦略・計画に確実に組み入れる。

3.8 すべての人々が、経済的リスクに対する保護、質が高く不可欠な保健サービスや、安全・効果的で質が高く安価な[②]必須医薬品やワクチンを利用できるようになることを含む、ユニバーサル・ヘルス・カバレッジ（UHC）[※2]を達成する。

2030年までに、有害化学物質や大気・水質・土壌の汚染による死亡や疾病の数を大幅に減らす。

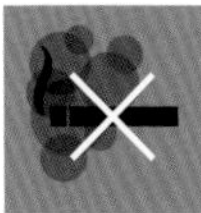

すべての国々で適切に、たばこの規制に関する世界保健機関枠組条約の実施を強化する。

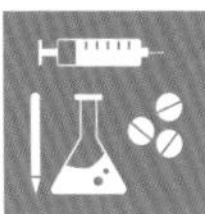

おもに開発途上国に影響を及ぼす感染性や非感染性疾患のワクチンや医薬品の研究開発を支援する。また、「TRIPS協定(知的所有権の貿易関連の側面に関する協定)と公衆の健康に関するドーハ宣言」に従い、安価な必須医薬品やワクチンが利用できるようにする。同宣言は、公衆衛生を保護し、特にすべての人々が医薬品を利用できるようにするために「TRIPS協定」の柔軟性に関する規定を最大限に行使する開発途上国の権利を認めるものである。

開発途上国、特に後発開発途上国や小島嶼開発途上国で、保健財政や、保健人材の採用、能力開発、訓練、定着を大幅に拡大する。

すべての国々、特に開発途上国で、国内および世界で発生する健康リスクの早期警告やリスク軽減・管理のための能力を強化する。

新訳ポイント

① 原文にあるcombatは本来「〜と戦う/闘う」という意味だが、新訳では争いや対立という考え方をよしとせず、「〜に立ち向かう」という日本語にした。

② 原文にあるaffordableは「手頃な(価格の)、手の届く(料金の)、安価な」などの意味だが、ここでは必須医薬品ということで「安価な」という訳を採用した。

※1 顧みられない熱帯病:おもに熱帯地域で蔓延する寄生虫や細菌感染症のこと。

※2 ユニバーサル・ヘルス・カバレッジ(UHC):すべての人々が、基礎的な保健サービスを必要なときに負担可能な費用で受けられること。

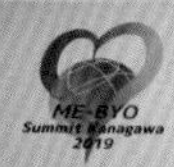

ME-BYO Summit
Kanagawa 2019
ME-BYO Summit Kanagawa 2019

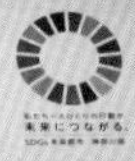

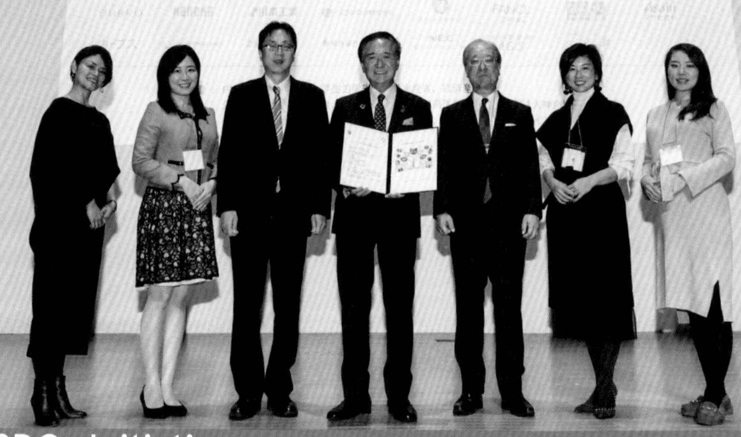

SDGs Initiative

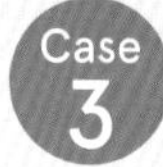

Case 3 「いのち」を輝かせる未病改善

神奈川県

来るべき超高齢社会に向けて 未病改善により心身の健康を向上

「いのち輝く神奈川」の実現を目指してSDGs推進に取り組み、都道府県で唯一、SDGs未来都市と自治体SDGsモデル事業の両方に選定された神奈川県（2020年6月現在）。世界でいち早く超高齢社会を迎える自治体として、「未病の改善」に取り組んでいます。「未病」とは、健康と病気の間を連続的に変化している状態。食・運動・社会参加を中心に生活習慣を見直し、未病の改善を図ります。また、各機関との連携、世界への情報発信にも力を入れています。

3 すべての人に
健康と福祉を
4
11

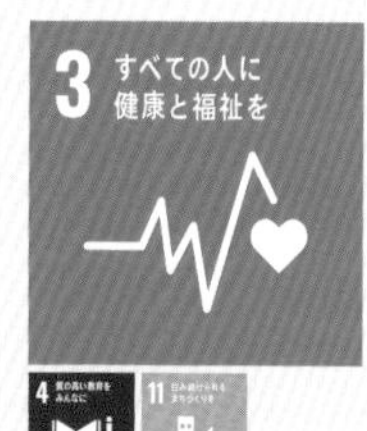

神奈川県の取り組み

1 未病指標®(ME-BYO INDEX®)

心身の状態は「健康」と「病気」に明確に区分できないもの。そこで、自分が「健康」から「病気」のグラデーションのどこにいるかを数値等で見える化し、未病の改善を自分ごととしてとらえられるよう「未病指標®(ME-BYO INDEX®)」を開発。生活習慣、認知機能、生活機能、メンタルヘルス・ストレスの4領域で未病の状態を測定する機能を、県が運営する無償のスマートフォン用アプリ「マイME-BYOカルテ」に追加した。

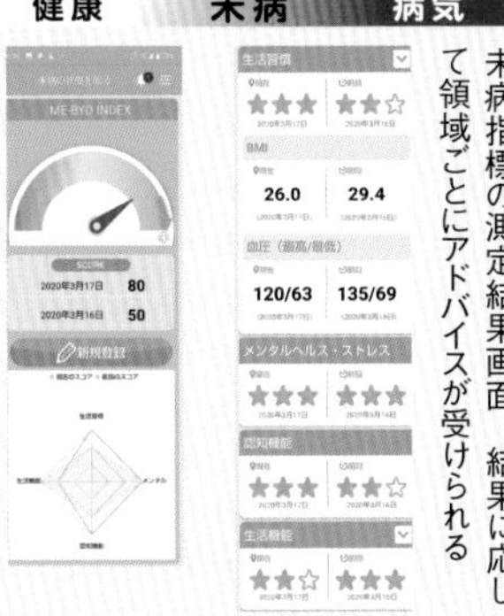

未病指標の測定結果画面。結果に応じて領域ごとにアドバイスが受けられる

2 子どもの未病対策

未病の改善には、子どもの頃から健康的な生活習慣を身につけることが大切。子どもから高齢者までライフステージに応じた未病対策を行う中で、子ども向けには、幼稚園や保育園などで、企業などが提供する「子どもの未病対策応援プログラム」を実施し、体操教室や食育教室などを開催する。また、小学生には子ども向け未病学習リーフレットを、高校生には健康・未病学習副教材を配布している。

幼児向けに行われた、排便の大切さを伝えるおなかの体操の様子

SDGs Message

「いのち輝く神奈川」の原点は、テレビキャスター時代に海外の救急隊から学び、「救えるいのち」を守る救急救命士の設立を実現したこと。今後は超高齢社会の課題で世界をリードすべく、未病の改善で「いのち」を輝かせます。「いのち」は生きがいなど多様な意味を含むもの。「いのち」を輝かせるまちづくりは、SDGsそのものだと考えています。

黒岩 祐治
神奈川県知事

17人の変革者 ❸

報道現場で始めた「いのち」を守り輝かせるための仕事を、世界と共有するモデルとして磨きをかけている黒岩さん。知事として社会のしくみを変革しています。

Goal 4

すべての人々に、
だれもが受けられる
公平で質の高い教育を提供し、
生涯学習の機会を促進する

質の高い教育は生活改善と持続可能な開発の基盤。開発途上地域の就学率は2015年に91%に達し、識字率も劇的に改善しました。しかし、高い貧困率や紛争の長期化などで学校に通えない子どもが増加。都市部と農村部の間にも依然として格差があります。そのような課題を解決し、教員や施設の充実などにより、すべての男女があらゆるレベルの教育を受けられることを目指しています。

参考：国連開発計画（UNDP）駐日代表事務所ウェブサイト、国連広報センター（UNIC）ウェブサイト

- 開発途上国の初等教育就学率は91%に達したが、まだ5700万人の子どもが学校に通えておらず、その半数以上はサハラ以南アフリカで暮らしている。
- 小学校就学年齢で学校に通っていない子どものおよそ50%は、紛争地域に住んでいるものとみられる。
- 全世界で６億1700万人の若者が、基本的な算術と読み書きの能力を欠いている。

出典：UN「Sustainable Development Goals」ウェブサイト（2020年6月23日時点）

７億5000万人の
成人が読み書きができない。
そのうち３分の２は**女性**

６歳から17歳の子どもの
５人に**１人**は
学校に通えない

中央アジアで
学校に通っていない
小学校就学年齢の児童は、
女子が男子を**27％**上回る

出典：UN「The Sustainable Development Goals Report 2019」

私たちだれもがもっている
可能性や才能に気付き
行動するためには、質の高い
教育を受けられる環境が
欠かせませんね。

ゴール4のターゲット

4.1 2030年までに、すべての少女と少年が、適切で効果的な学習成果をもたらす、無償かつ公正で質の高い初等教育・中等教育を修了できるようにする。

4.2 2030年までに、すべての少女と少年が、初等教育を受ける準備が整うよう、乳幼児向けの質の高い発達支援やケア、就学前教育を受けられる①ようにする。

4.3 2030年までに、すべての女性と男性が、手頃な価格で質の高い技術教育や職業教育、そして大学を含む高等教育を平等に受けられるようにする。

4.4 2030年までに、就職や働きがいのある人間らしい仕事、起業に必要な、技術的・職業的スキルなどの技能をもつ若者と成人の数を大幅に増やす。

4.5 2030年までに、教育におけるジェンダー格差をなくし、障害者、先住民、状況の変化の影響を受けやすい子どもなど、社会的弱者があらゆるレベルの教育や職業訓練を平等に受けられるようにする。

4.6 2030年までに、すべての若者と大多数の成人が、男女ともに、読み書き能力と基本的な計算能力を身につけられるようにする。

4.7 2030年までに、すべての学習者が、とりわけ持続可能な開発のための教育と、持続可能なライフスタイル、人権、ジェンダー平等、平和と非暴力文化の推進、グローバル・シチズンシップ(=地球市民の精神)、文化多様性の尊重、持続可能な開発に文化が貢献することの価値認識、などの教育を通して、持続可能な開発を促進するために必要な知識とスキルを確実に習得できるようにする。

4.a 子どもや障害のある人々、ジェンダーに配慮の行き届いた教育施設を建設・改良し、すべての人々にとって安全で、暴力がなく、だれもが利用できる②、効果的な学習環境を提供する。

2020年までに、先進国やその他の開発途上国で、職業訓練、情報通信技術（ICT）、技術・工学・科学プログラムなどを含む高等教育を受けるための、開発途上国、特に後発開発途上国や小島嶼開発途上国、アフリカ諸国を対象とした奨学金の件数を全世界で大幅に増やす。

2030年までに、開発途上国、特に後発開発途上国や小島嶼開発途上国における教員養成のための国際協力などを通じて、資格をもつ教員の数を大幅に増やす。

新訳ポイント

① 169ターゲットでは「利用する・入手する権利」という意味で使われることが多いaccessだが、ここでは教育なので「受けられる」という日本語にした。

② 原文にあるinclusiveは「すべてを含んだ、包括的な、包摂的な、一部の人を制限しない、いろいろな人が参加できる」などの意味だが、ここでは学習環境ということで「だれもが利用できる」とした。

一般社団法人グローバル教育推進プロジェクト（GiFT）は、「グローバル・シチズンシップ」育成のための教育プログラムを手がける（→P.98）

SDGs Initiative

Case 4 グローバル・シチズンシップ教育

一般社団法人グローバル教育推進プロジェクト（GiFT）

■■■■

「世界をよりよくする志」を育み 教育を通してSDGs達成を目指す

「グローバル・シチズンシップ」の育成を通して、一人ひとりの志をつなぎ、新たな価値を生み出す教育プログラムを国内外で手がけるGiFT。SDG4.7にも掲げられているグローバル・シチズンシップを、GiFTは「世界をよりよくする志」と定義し、その志を育み未来を切り拓くためには、まず自分と向き合うことが大事だと考えています。プロジェクトやゴールありきではないGiFT独自のスタイルで、SDGs達成への一人ひとりの一歩を後押しします。

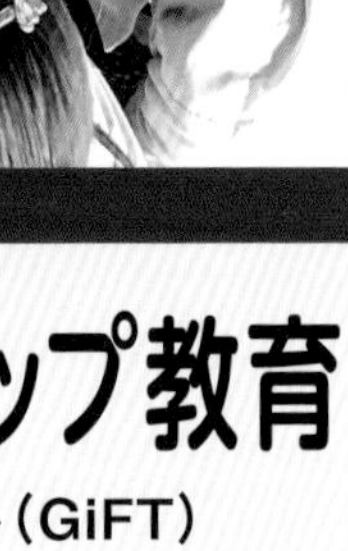

For SDGs

GiFTの取り組み

1 Diversity Voyage（海外共創研修）

グローバル・シチズンシップ育成のプロセスを体感できる研修。世界に向けて自分の扉を開く「オープン・ドア・プログラム」と位置付け、短期の海外体験を通じて参加者が世界に目を向け、一歩を踏み出し、さらに羽ばたくきっかけとなることを目指している。学生、企業や自治体などを対象に、アジア7か国で実施。現地の参加者とともに、ダイアログ（対話）を繰り返して、SDGsに関わるプロジェクトを共創する。

アイスブレイクでも「自分を表現する」「相手を知る」プロセスをていねいに行う

2 Educators' Summit for SDG4.7

2002年に国連決議で採択された「持続可能な開発のための教育（ESD）」（→P.18）やグローバル・シチズンシップ教育、国際理解教育、環境教育、開発教育など、SDG4.7に関わるさまざまな分野で活躍している人々が全国から集まり、つながる場。SDG4.7に関わる人々が志を重ね、未来に向けた教育を体験・共有する貴重な機会で、GiFTの企画・運営により、2017年から年に1回開催されている。

サミットには多くの教育関係者が集まる

SDGs Message

SDG4.7が謳うのは、「平和と持続可能性のビジョンにもとづいた態度・行動変容を目指す教育」です。つまり自分から変わること。自分はどういう未来をつくりたいのか、どう生きたいのか……。そこから「世界をよりよくする志」＝グローバル・シチズンシップが育まれます。自分と向き合い、意識と行動を変えていく。それがSDGs達成の根幹です。

辰野 まどか
GiFT代表理事

17人の変革者 4

辰野さんはSDG4.7を合言葉に、持続可能な社会を担う人材を育てるさまざまなプログラムを実践する人たちと一緒になって、SDGs達成に向けて走り続けています。

Goal 5

ジェンダー平等を達成し、すべての女性・少女のエンパワーメントを行う

MDGs（→P.16）のもと、女性のエンパワーメントとジェンダーの平等は前進しましたが、女性・少女は依然として世界各地で差別と暴力に苦しんでいます。雇用機会の不平等が大きく、労働市場でも男女間に格差が見られます。公職に就く女性は増加していますが、あらゆる地域でより多くの女性リーダーが生まれれば、ジェンダー平等の促進に向けた政策と法律制定の強化につながるでしょう。

参考：国連開発計画（UNDP）駐日代表事務所ウェブサイト、国連広報センター（UNIC）ウェブサイト

Facts & Figures（事実と数字）

- 全世界で、7億5000万人の女性・少女が18歳未満で結婚し、30か国で少なくとも2億人の女性・少女がFGM（女性性器切除）を受けている。
- 15～49歳の女性・少女の19%を含め、女性・少女の5人に1人は、最近12か月以内に親密なパートナーから身体的および／または性的な暴力を受けている。しかし49か国には、女性をこのような暴力から具体的に保護する法律がない。
- 全世界で女性の政界進出がかなり進んでいるものの、女性国会議員の割合は23.7%と、男女同数にはまだほど遠い。

出典：UN「Sustainable Development Goals」ウェブサイト（2020年6月23日時点）

南アジアでは、
女子の児童婚リスクが
2000年以来
40%低下した。

それでもなお、
20～24歳の
女性の30%は
18歳未満で結婚する。
（2018年）

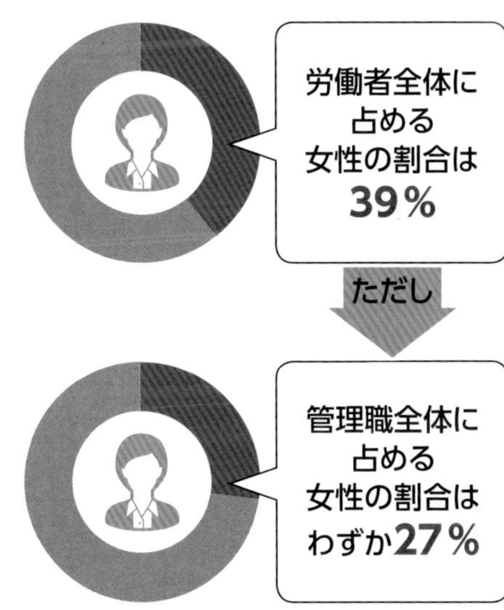

出典：UN「The Sustainable Development Goals Report 2019」

私たち一人ひとりが、
いつでもどんなときでも、
家庭を含めたすべてのコミュニティで、
ジェンダー平等を意識して、
ゴール5の達成に貢献しましょう。

ゴール5のターゲット

5.1 あらゆる場所で、すべての女性・少女に対するあらゆる形態の差別をなくす。

5.2 人身売買や性的・その他の搾取を含め、公的・私的な場で、すべての女性・少女に対するあらゆる形態の暴力をなくす。

5.3 児童婚、早期結婚、強制結婚、女性性器切除など、あらゆる有害な慣行をなくす。

5.4 公共サービス、インフラ、社会保障政策の提供や、各国の状況に応じた世帯・家族内での責任分担を通じて、無報酬の育児・介護や家事労働を認識し評価する。

5.5 政治、経済、公共の場でのあらゆるレベルの意思決定において、完全で効果的な女性の参画と平等なリーダーシップの機会を確保する。

5.6 国際人口開発会議（ICPD）の行動計画と、北京行動綱領およびその検証会議の成果文書への合意にもとづき、性と生殖に関する健康と権利をだれもが手に入れられるようにする。

5.a 女性が経済的資源に対する平等の権利を得るとともに、土地・その他の財産、金融サービス、相続財産、天然資源を所有・管理できるよう、各国法にもとづき改革を行う。

5.b 女性のエンパワーメント※を促進するため、実現技術、特に情報通信技術（ICT）の活用を強化する。

5.c ジェンダー平等の促進と、すべての女性・少女のあらゆるレベルにおけるエンパワーメントのため、適正な政策や拘束力のある法律を導入し強化する。

※ エンパワーメント：一人ひとりが、自らの意思で決定をし、状況を変革していく力を身につけること。

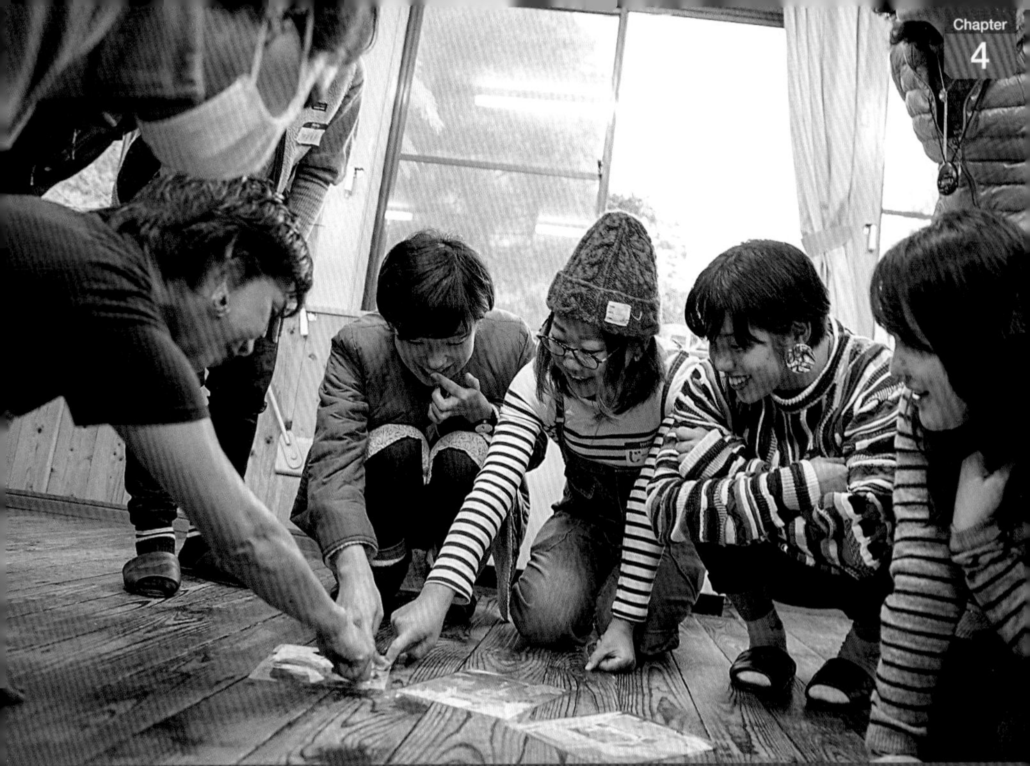

SDGs Initiative

Case 5 女性のエンパワーメント

特定非営利活動法人ウィメンズアイ（WE）

ジェンダーによる機会の差をなくし だれもが自分の人生の主役に

宮城県南三陸町を拠点に、ローカルで活躍する女性たちを応援しているウィメンズアイ（WE）。「自分で考え、自分で選択し、自分らしく生きる力をつける」ことをエンパワーメントととらえ、学び合い励まし合う“同志”として、女性たちが一歩踏み出すのを後押しし、伴走してきました。地域に根差したローカルな活動と、海外研修などグローバルな活動の両輪で、女性たちが自分の人生の主役になれるようにエンパワーメントを行っています。

For SDGs

ウィメンズアイの取り組み

1「グラスルーツ・アカデミー東北」

次世代を担う女性たちが互いに学び合い、自らの成長につなげる場。2015年3月に国連防災世界会議のプレイベントとして行った国際研修「国際地域女性アカデミーin Tohoku」を機にスタートし、岩手・福島・宮城のほか、米国でも開催した。地域で活動する女性たちの連帯からエンパワーメントの連鎖が起こり、「グラスルーツ＝草の根」で社会を変えるインパクトを生み出している。

2018年度はWEの拠点である南三陸町で開催。一般聴講枠も設けられた

2「パン・菓子工房oui（ウィ）」

2017年2月、宮城県南三陸町入谷地区にオープンしたパン・菓子のシェア工房で、WEのプロジェクトのひとつ。パンや菓子を製造・販売したい人・グループが時間決めで利用でき、WEも週に2回ほどパンや焼き菓子をつくっている。シェア工房は、女性のチャレンジを後押しし、自己実現と小さな“ナリワイ”起業を応援するための場所を提供しているだけでなく、女性たちのコミュニティづくりにも役立っている。

工房を利用するのは、地産の素材を大事にしたパンや菓子をつくる人が多い

SDGs Message

WEの活動は東日本大震災の避難所や仮設住宅で、我慢をして声を上げない・上げられない女性たちの話を聞くことから始まりました。草の根で、地域の女性たちと活動し、地域から変革を起こしていく。女性であることで可能性が閉ざされないように、ジェンダーによる機会の差をなくし、だれもが自分の人生の主役になれる世界を目指しています。

石本 めぐみ
ウィメンズアイ 代表理事

石本さんは、世界を舞台に活動している女性たちや、地域でがんばる女性たちと一緒に、だれもがリーダーシップを発揮してつくる、しなやかな社会に向けて行動しています。

Goal 6

すべての人々が
水と衛生施設を利用できるようにし、
持続可能な水・衛生管理を確実にする

1990年以来、21億人が改善された水・衛生施設を利用できるようになる一方、安全な飲み水の供給量減少は世界中で深刻な問題に。世界人口の約40%が水不足の影響を受けていますが、気候変動が拍車をかけ、2050年までに４人に１人以上が慢性的な水不足となる可能性が高いと予測されています。生態系の保護と回復、衛生施設や水処理技術への投資や国際協力などが必要とされています。

参考：国連開発計画（UNDP）駐日代表事務所ウェブサイト、国連広報センター（UNIC）ウェブサイト

Facts & Figures（事実と数字）

- 世界人口の10人に３人は安全に管理された飲料水サービスを利用できず、10人に６人は安全に管理された衛生施設を利用できない。
- 少なくとも８億9200万人が今でも屋外での排泄を続けている。
- 世界人口の40%以上が水不足の影響を受け、しかもこの割合はさらに上昇すると予測されている。現在17億人以上が、水の利用量が涵養※分を上回る河川流域に暮らしている。
- 24億人が、トイレや簡易便所などの基本的な衛生サービスを利用できていない。

※降雨・河川水などが地下浸透して帯水層に水が供給されること。

出典：UN「Sustainable Development Goals」ウェブサイト（2020年6月23日時点）

◉ 各国の水ストレスのレベル

再生可能な水資源のうち取水量の割合（2000～2015年平均）

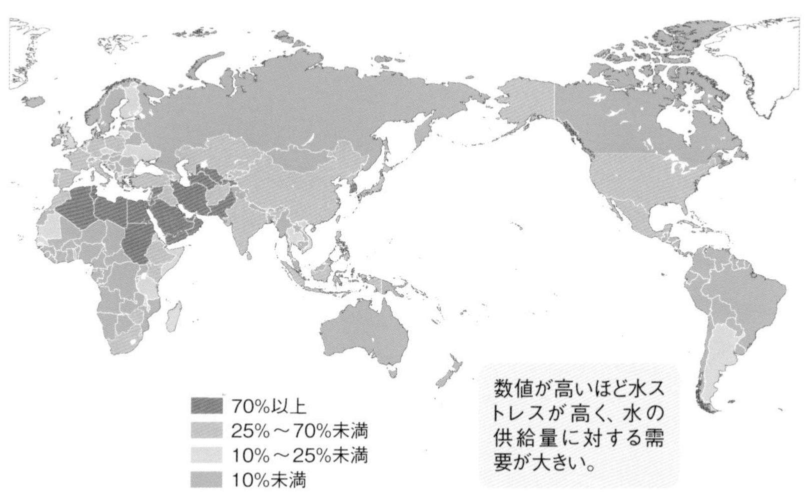

出典：UN「The Sustainable Development Goals Report 2019」

思いを馳せましょう。
蛇口から出てくる水は、
どこで育まれどこへ流れていくのか。
水が私たちの命を守ることや、
脅かすことにも。

ゴール6のターゲット

6.1 2030年までに、すべての人々が等しく、安全で入手可能な価格の飲料水を利用できるようにする。

6.2 2030年までに、女性や少女、状況の変化の影響を受けやすい人々のニーズに特に注意を向けながら、すべての人々が適切・公平に下水施設・衛生施設を利用できるようにし、屋外での排泄をなくす。

6.3 2030年までに、汚染を減らし、投棄をなくし、有害な化学物質や危険物の放出を最小化し、未処理の排水の割合を半減させ、再生利用と安全な再利用を世界中で大幅に増やすことによって、水質を改善する。

6.4 2030年までに、水不足に対処し、水不足の影響を受ける人々の数を大幅に減らすために、あらゆるセクターで水の利用効率を大幅に改善し、淡水の持続可能な採取・供給を確実にする。

6.5 2030年までに、必要に応じて国境を越えた協力などを通じ、あらゆるレベルでの統合水資源管理を実施する。

6.6 2020年までに、山地、森林、湿地、河川、帯水層、湖沼を含めて、水系生態系の保護・回復を行う。

6.a 2030年までに、集水、海水の淡水化、効率的な水利用、排水処理、再生利用や再利用の技術を含め、水・衛生分野の活動や計画において、開発途上国に対する国際協力と能力構築の支援を拡大する。

6.b 水・衛生管理の向上に地域コミュニティが関わることを支援し強化する。

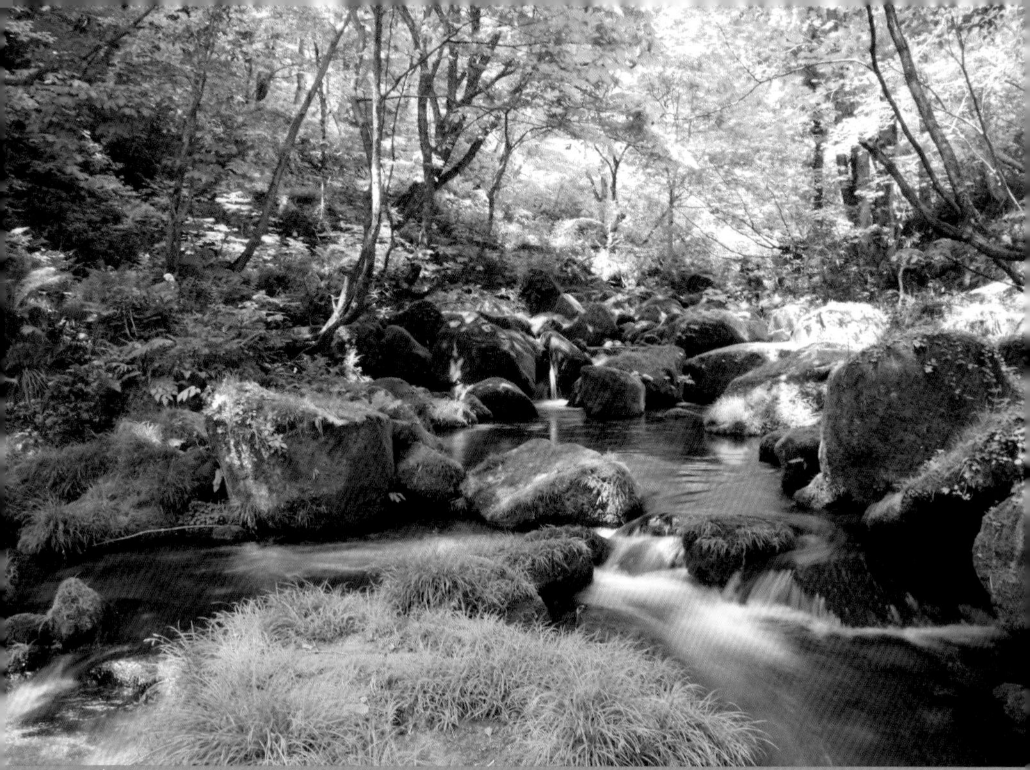

SDGs Initiative

天然水を生み出す森づくり

サントリーホールディングス株式会社

「水と生きる」事業継続のため 各地で「天然水の森」を整備・保全

サントリーグループは、酒類から清涼飲料まですべての飲料製品の原材料に天然の地下水を使っており、国内の全工場がその水源の近くにあります。「水と生きる」という企業理念が示すとおり、地下水は事業継続の生命線。工場がくみ上げる地下水よりも多くの水を生み出す森を育むために、基幹事業のひとつとして「天然水の森」づくりに取り組んできました。森の整備・保全は、安全な水を生むだけでなく生物多様性にもつながっています。

サントリーグループの取り組み

1 育林材プロジェクト

「天然水の森」では、放置され内部が暗くなった人工林に光を入れて多様な植生を生み出したり、森を整備・調査するための作業道をつくったりする目的で、長期的な観点から木を伐採することがある。これらの木を「育林材」と命名し、森づくりに賛同する家具メーカーや木工職人などに育林材を活用してもらう活動を行っている。家具メーカーでは、育林材の家具をシリーズ展開する計画も進行中。

「天然水の森 天王山」の、台風で倒れたヤマモモを生かした育林材テーブル

2 ワシ・タカ子育て支援プロジェクト

現在、日本の森で生態ピラミッドの頂点にいるのが、ワシやタカ、フクロウなどの猛禽類（もうきんるい）。森の生態系を適正な状態に保つ重要な役割を担う。猛禽類の子育ては、巣から遠くない範囲にひなの餌となる多くの小動物が不可欠で、それは生物多様性がある豊かな環境の証し。サントリーは、天然水の森で猛禽類の子育てを支援。巣をつくる巨木が不足するフクロウのために、犬小屋ほどの巣箱の設置なども行っている。

大きな木の幹にできる洞の代わりになる巣箱を設置してフクロウの子育てを支援する「フクロウProject」

SDGs Message

SDGsは地球規模の課題を俯瞰するものですが、水に関しては、地質や気候などの影響を受けるため、普遍的ではなく地域性が強い。世界の水問題は、課題も解決策もさまざまです。その地域の環境だけでなく、人口問題なども含めて考えなければいけません。複雑に絡み合った問題を解きほぐすには、教育が大きな役割を果たすと思います。

山田 健
サントリーホールディングス
サステナビリティ推進部

17人の変革者 6

山田さんは、「水」というひとつのテーマをとことん探求し、本業を支える基盤事業を構築して、自然共生社会における企業のあり方を提示している第一人者です。

Goal 》7

すべての人々が、
手頃な価格で信頼性の高い
持続可能で現代的なエネルギーを
利用できるようにする

1990～2010年の20年で、新たに17億人が電力を利用できるようになりましたが、今なお5人に1人が電力を利用できていません。エネルギーは世界が直面する課題の中心であり、2030年までにだれもが持続可能で現代的なエネルギーを利用できるようにするには、全世界で再生可能エネルギーを大幅に増やす必要があります。そのために、世界のエネルギーシステムの転換が求められています。

参考：国連開発計画（UNDP）駐日代表事務所ウェブサイト、国連広報センター（UNIC）ウェブサイト

Facts & Figures（事実と数字）

- 世界人口の13%が依然として現代的な電力を利用できない。
- 30億人が薪、石炭、木炭、または動物の排泄物を調理や暖房に使用している。
- エネルギーは気候変動の最大の要因であり、全世界の温室効果ガス排出量の約60%を占めている。
- 家庭でのエネルギーとして可燃燃料を使用することによる屋内空気汚染で、2012年には430万人が命を失ったが、その10人に6人を女性・少女が占めている。

出典：UN「Sustainable Development Goals」ウェブサイト（2020年6月23日時点）

電力を利用できない
8億4000万人のうち
87%は
農村部で暮らす

エネルギー最終消費に
再生可能エネルギーが
占める割合は
17.5%

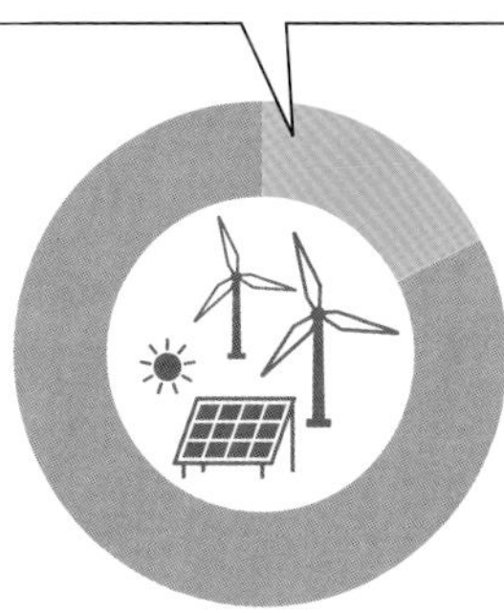

出典：UN「The Sustainable Development Goals Report 2019」

当たり前のように使うエネルギーですが、手に入らない国もあります。また、気候変動の要因にも……。私たちの行動が問われていますね。

ゴール7のターゲット

7.1 2030年までに、手頃な価格で信頼性の高い現代的なエネルギーサービスをすべての人々が利用できるようにする。

7.2 2030年までに、世界のエネルギーミックス※における再生可能エネルギーの割合を大幅に増やす。

7.3 2030年までに、世界全体のエネルギー効率の改善率を倍増させる。

7.a 2030年までに、再生可能エネルギー、エネルギー効率、先進的でより環境負荷の低い化石燃料技術など、クリーンなエネルギーの研究や技術の利用を進めるための国際協力を強化し、エネルギー関連インフラとクリーンエネルギー技術への投資を促進する。

7.b 2030年までに、各支援プログラムに沿って、開発途上国、特に後発開発途上国や小島嶼開発途上国、内陸開発途上国において、すべての人々に現代的で持続可能なエネルギーサービスを提供するためのインフラを拡大し、技術を向上させる。

新訳ポイント

ここのaffordableは、ただ安価なだけではなく「（手に入りやすい）手頃な価格の」という意味だととらえた。

※ エネルギーミックス：エネルギー（おもに電力）を生み出す際の、発生源となる石油、石炭、原子力、天然ガス、水力、地熱、太陽熱など一次エネルギーの組み合わせ、配分、構成比のこと。

NPO法人上田市民エネルギーは、だれもが太陽光発電に参加することができる取り組みを行う（→P.113）

SDGs Initiative

持続可能なまちづくりのための市民発電

NPO法人上田市民エネルギー

だれもが参加できる「相乗りくん」で
地域の自然エネルギーを増やす

上田市民エネルギーは、「市民が参加する自然エネルギー」をテーマに活動するNPO法人です。長野県上田市でエネルギーに関する上映会や勉強会などを行っていたグループが、東日本大震災をきっかけに、「だれかが解決してくれるのを待つのではなく、まずは自分たちにできることを始めよう」という思いで、自然エネルギーを増やす「相乗りくん」事業を立ち上げました。エネルギーを土台に、豊かで持続可能な地域づくりを目指しています。

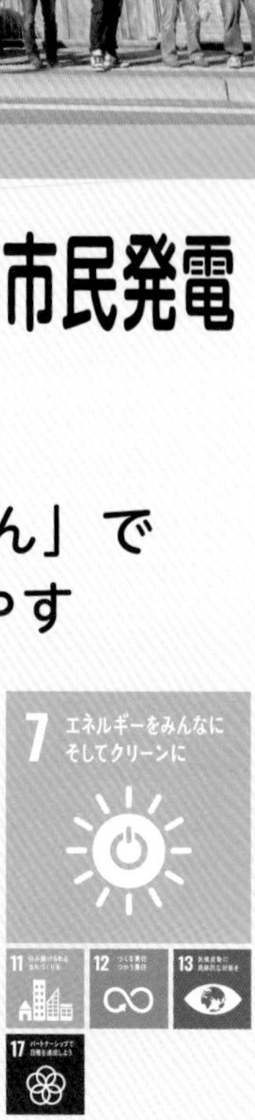

For SDGs

上田市民エネルギーの取り組み

1 相乗りくん

上田市を含む長野県東信エリアは、養蚕業が盛んだったことから南向きの広い屋根を持つ住宅が多いが、太陽光パネルの設置は一部のみだった。そこで、空いた屋根にほかの人が“相乗り”するしくみをスタート。自宅の屋根を貸す「屋根オーナー」か、全国どこからでも出資でき、屋根オーナーの屋根に自分の太陽光パネルを相乗りさせる「パネルオーナー」として、自然エネルギーを増やすことに貢献できる。

自宅へのパネル設置が無理でも「相乗りくん」なら太陽光発電に参加できる

2 強くてしなやかなまちづくり

人口減や災害、インフラ老朽化などの課題に対して、地域で連携して持続可能な上田市を目指す活動。2020年には、上田城築城から400年以上経ったことを踏まえ、今後400年続くまちづくりをテーマに「持続可能な上田を考える会」を市と共催。市や県の職員、企業、金融機関など多彩な顔ぶれが参加した。エネルギーのほか、経済や環境などさまざまな観点でまちづくりに関する勉強会やイベントを開催している。

2019年7月にトークイベント「強くてしなやかな上田のつくり方」を開催

SDGs Message

ゴール7を達成するには、自然エネルギーを増やすのと同時に、エネルギー使用量を減らしていく必要があります。そのカギとなるのは行政と民間が一丸となった地域の取り組み。地域全体のパートナーシップで、強くてしなやかな暮らしを実現していきます。個人にも地域にも課題はたくさんありますが、それを整理してくれるのがSDGsですね。

藤川 まゆみ
上田市民エネルギー
理事長

17人の変革者 7

藤川さんは、持続可能な地域社会に向け、地域の自然エネルギーによるネットワークで人々がつながり合うことで、コミュニティのあり方を変えようとしています。

Goal 》8

すべての人々にとって、持続的でだれも排除しない持続可能な経済成長、完全かつ生産的な雇用、働きがいのある人間らしい仕事（ディーセント・ワーク）を促進する

経済を持続的に成長させるためには、環境に害を与えないで、すべての人々が働きがいのある人間らしい仕事に就けるようにすることが必要です。しかし、紛争や災害を要因とする格差の拡大などで、雇用は労働力人口の成長に見合うペースで増えていません。技術革新などによる経済成長を促進し、雇用機会と働きがいのある人間らしい仕事を増やすことが求められています。

参考：国連開発計画（UNDP）駐日代表事務所ウェブサイト、国連広報センター（UNIC）ウェブサイト

Facts & Figures（事実と数字）

- 2016年時点で、**全世界の労働者の61%がインフォーマルセクター**※で**雇用**されている。
- データが入手できる45か国中40か国で、**男性の賃金は女性の賃金を12.5%上回っ**ている。
- 世界的な**男女の賃金格差は23%**で、決定的な対策を取らなければ、賃金平等の達成にはさらに**68年**かかる。**男性の就労率94%**に対し、**女性の就労率は63%**にとどまっている。
- 2016～2030年に、全世界で新たに労働市場に参入する**4億7000万人に雇用を提供する必要**がある。

※非公式部門。経済活動において公式に記録されない経済部門のことで、靴磨き、行商や露天商など。

出典：UN「Sustainable Development Goals」ウェブサイト（2020年6月23日時点）

⦿ 後発開発途上国における実質GDP成長率

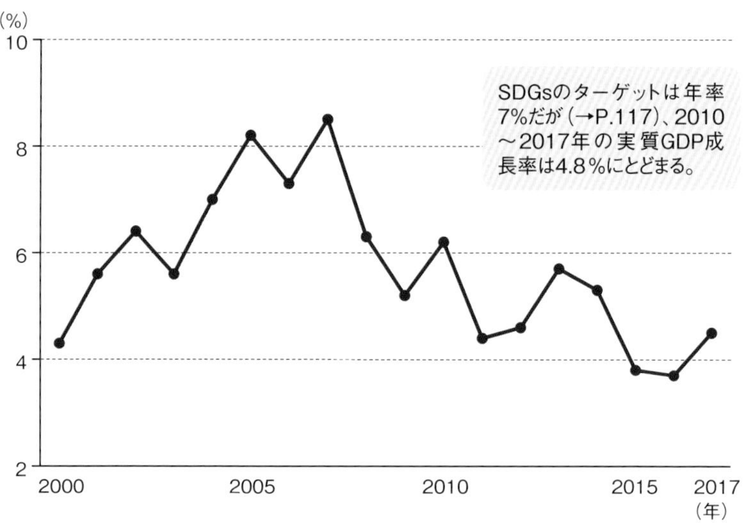

出典：UN「The Sustainable Development Goals Report 2019」

私たちの知恵や労働は
経済成長の手段ではなく、
経済成長は私たちの生活を
豊かにする手段だと
考えてみませんか。

ゴール8のターゲット

8.1 各国の状況に応じて、一人あたりの経済成長率を持続させ、特に後発開発途上国では少なくとも年率7%のGDP成長率を保つ。

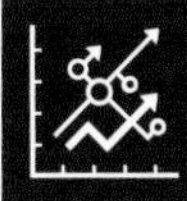

8.2 高付加価値セクターや労働集約型セクター※に重点を置くことなどにより、多様化や技術向上、イノベーションを通じて、より高いレベルの経済生産性を達成する。

8.3 生産的な活動、働きがいのある人間らしい職の創出、起業家精神、創造性やイノベーションを支援する開発重視型の政策を推進し、金融サービスの利用などを通じて中小零細企業の設立や成長を促す。

8.4 2030年までに、消費と生産における世界の資源効率を着実に改善し、先進国主導のもと、「持続可能な消費と生産に関する10カ年計画枠組み」に従って、経済成長が環境悪化につながらないようにする。

8.5 2030年までに、若者や障害者を含むすべての女性と男性にとって、完全かつ生産的な雇用と働きがいのある人間らしい仕事（ディーセント・ワーク）を実現し、同一労働同一賃金を達成する。

8.6 2020年までに、就労、就学、職業訓練のいずれも行っていない若者の割合を大幅に減らす。

8.7 強制労働を完全になくし、現代的奴隷制と人身売買を終わらせ、子ども兵士の募集・使用を含めた、最悪な形態の児童労働を確実に禁止・撤廃するための効果的な措置をただちに実施し、2025年までにあらゆる形態の児童労働をなくす。

8.8 移住労働者、特に女性の移住労働者や不安定な雇用状態にある人々を含め、すべての労働者を対象に、労働基本権を保護し安全・安心な労働環境を促進する。

8.9 2030年までに、雇用創出や各地の文化振興・産品販促につながる、持続可能な観光業を推進する政策を立案・実施する。

8.10 すべての人々が銀行取引、保険、金融サービスを利用できるようにするため、国内の金融機関の能力を強化する。

8.a 「後発開発途上国への貿易関連技術支援のための拡大統合フレームワーク（EIF）」などを通じて、開発途上国、特に後発開発途上国に対する「貿易のための援助（AfT）」を拡大する。

8.b 2020年までに、若者の雇用のために世界規模の戦略を展開・運用可能にし、国際労働機関（ILO）の「仕事に関する世界協定」を実施する。

新訳ポイント

原文にあるdecentは「まともな、適正な」という意味だが、jobやworkとセットで「働きがいのある人間らしい（職／仕事）」という日本語が定着している。

※ 労働集約型セクター：事業活動を営むうえで労働力に対する依存度が高い（産業）セクターのこと。

児童労働のないカカオ豆を使って“Bean to Bar”のチョコレートづくりを行う、株式会社ロータスコンセプトの蒲田千佳さん（→P.119）

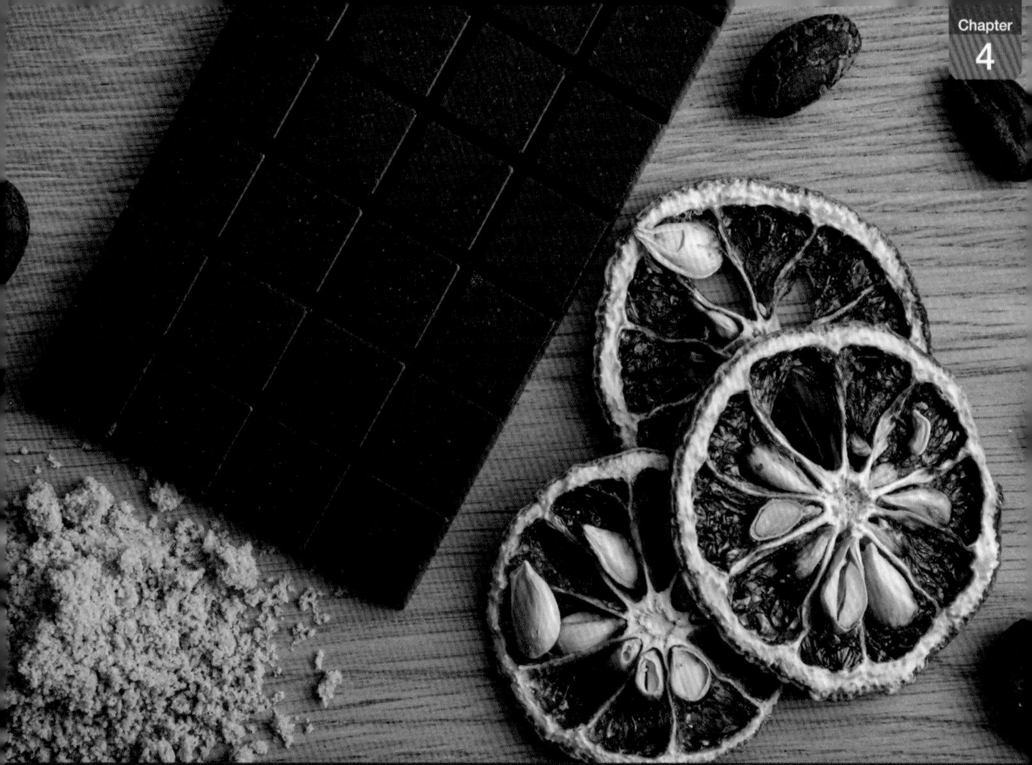

SDGs Initiative

Case 8 人々を幸せにするチョコレートづくり

株式会社ロータスコンセプト

■■■■

児童労働がないカカオ豆のチョコで子どもたちの心に栄養を届ける

カカオ豆の仕入れから一貫してひとつの工房でチョコレートづくりを行う“Bean to Bar”のブランド「love lotus」を手がけるロータスコンセプト。海外のカカオ畑では児童を働かせることが多い中、同社がカカオ豆を仕入れるベトナムの農園は児童労働を行わず、農薬や化学肥料も使いません。社長の蒲田千佳さんは、「児童労働そのものを解決するのは難しいけれど、NOと言うことはできます。それを当たり前にしたい」と、さまざまな事業を進めています。

For SDGs

ロータスコンセプトの取り組み

1 Lotus Project

児童養護施設の子どもたちに木のおもちゃで遊ぶ機会を提供し、心を豊かにする「木育キャラバン」を行う取り組み。ロータスコンセプトと福島県のNPO法人「Lotus」による共同事業で、love lotusの売り上げの一部が活動に充てられる。ロータスコンセプトがチョコレート事業を始めたきっかけは、人の心を引き付けるアイテムを探していたところ、児童搾取がないカカオ豆を見つけたことだった。

温もりのある木のおもちゃで遊ぶ子どもたち。乳児院での木育キャラバンの様子

2 障害者就労支援施設にカカオ豆の皮むきを委託

“Bean to Bar”のチョコレートづくりに欠かせないカカオ豆の皮むきは、非常に時間がかかる。ロータスコンセプトは、この工程の一部を障害者就労支援施設に委託することで、障害のある人の働きがいを満たすとともに、製造量の増加も果たした。できるだけ多くの「働きたい」という気持ちに応えるため、複数の施設にバランスよく発注し、一人あたりのノルマが厳しくならないように配慮もしている。

ひと粒ずつカカオ豆の皮をむき、低温で乾燥させる。単純だが時間がかかる作業

SDGs Message

私自身が幼少期に性的虐待を受けたことから、子どもたちには夢や希望をもつための心のパワーを養ってほしいと思っています。SDGsのゴールはどれも生きるうえで当たり前ですが、事業ではゴール８に加え12も重視し、よりよい商品をつくっています。モノはよくて当然。そこにどれだけ血を通わせられるか、常に考えています。

蒲田 千佳
ロータスコンセプト
代表取締役社長

17人の変革者 8

ひとつの商品に関わる生産や製造の現場で働く一人ひとりのことまで考えた経営をしている蒲田さん。そのことを、地方の小さな会社から発信し続けています。

Goal ≫ 9

レジリエントなインフラを構築し、だれもが参画できる持続可能な産業化を促進し、イノベーションを推進する

技術の進歩は、新たな雇用機会の創出やエネルギー効率の改善など、経済・環境面の課題の持続的な解決策を見出すうえで重要です。しかし、今なお40億人がインターネットを利用できず、その90%は開発途上地域に暮らす人々です。情報と知識への平等なアクセスを確保し、その結果として技術革新と起業を促進するためには、このデジタル格差の解消も欠かせません。

参考：国連開発計画（UNDP）駐日代表事務所ウェブサイト、国連広報センター（UNIC）ウェブサイト

Facts & Figures（事実と数字）

- 多くの開発途上国では依然として、道路や情報通信技術、衛生施設、電力、水道といった基礎インフラが整備されていない。
- 世界人口の16%は携帯ブロードバンド・ネットワークが利用できない。
- 多くのアフリカ諸国、特に低所得国では、インフラの未整備により、企業の生産性が約40%損なわれている。
- 生産加工と製造に携わる中小・中堅企業は、産業化の初期段階で最も重要であり、通常最も多くの雇用を生み出す。こうした企業は全世界の企業の90%以上を占め、雇用の50～60%を創出する。

出典：UN「Sustainable Development Goals」ウェブサイト（2020年6月23日時点）

後発開発途上国の産業化は、「2030アジェンダ」のターゲットを達成するには**ペースが遅すぎる**

欧米 4938ドル　後発開発途上国 114ドル

一人あたり製造業付加価値

◉ モバイルネットワークおよびテクノロジーが利用可能な人口

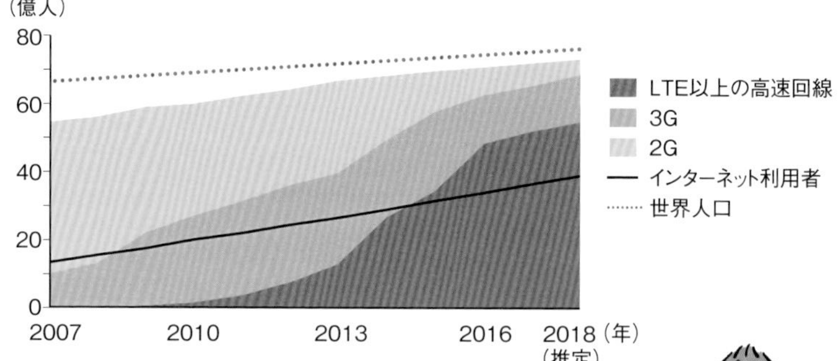

出典：UN「The Sustainable Development Goals Report 2019」

ゴール9のターゲット

9.1

経済発展と人間の幸福をサポートするため、すべての人々が容易かつ公平に利用できることに重点を置きながら、地域内および国境を越えたインフラを含む、質が高く信頼性があり持続可能でレジリエントなインフラを開発する。

9.2

だれもが参画できる持続可能な産業化を促進し、2030年までに、各国の状況に応じて雇用やGDPに占める産業セクターの割合を大幅に増やす。後発開発途上国ではその割合を倍にする。

9.3

より多くの小規模製造業やその他の企業が、特に開発途上国で、利用しやすい融資などの金融サービスを受けることができ、バリューチェーン※や市場に組み込まれるようにする。

9.4

2030年までに、インフラを改良し持続可能な産業につくり変える。そのために、すべての国々が自国の能力に応じた取り組みを行いながら、資源利用効率の向上とクリーンで環境に配慮した技術・産業プロセスの導入を拡大する。

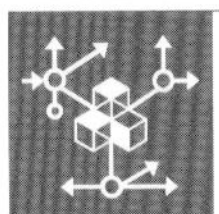
9.5

2030年までに、開発途上国をはじめとするすべての国々で科学研究を強化し、産業セクターの技術能力を向上させる。そのために、イノベーションを促進し、100万人あたりの研究開発従事者の数を大幅に増やし、官民による研究開発費を増加する。

9.a

アフリカ諸国、後発開発途上国、内陸開発途上国、小島嶼開発途上国への金融・テクノロジー・技術の支援強化を通じて、開発途上国における持続可能でレジリエントなインフラ開発を促進する。

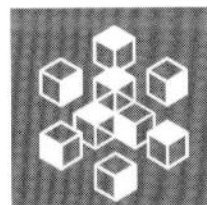
9.b

開発途上国の国内における技術開発、研究、イノベーションを、特に産業の多様化を促し商品の価値を高めるための政策環境を保障することなどによって支援する。

9.c

情報通信技術（ICT）へのアクセスを大幅に増やし、2020年までに、後発開発途上国でだれもが当たり前のようにインターネットを使えるようにする。

※ バリューチェーン：企業活動における業務の流れを、調達、製造、販売、保守などと機能単位に分割してとらえ、各機能単位が生み出す価値を分析して最大化することを目指す考え方。

SDGs Initiative

Case 9 イノベーションを支える「人づくり」

リコーグループ

SDGsへの貢献を経営方針に掲げ 社会課題を解決する人材と技術を育む

デジタル複合機をはじめとする画像機器を製造する株式会社リコー。「持続的な企業価値向上のため、SDGsに貢献することが必須」という経営方針のもと、社会課題を解決するためのさまざまなイノベーションを生み出しています。リコーの技術を世に広めるのが、販売会社であるリコージャパン株式会社。「SDGsキーパーソン」に代表される同社の「人づくり」は、イノベーションを生み出す種として、持続可能な社会を構築する一翼を担っているのです。

For SDGs
リコーグループの取り組み

1 固体型色素増感太陽電池

リコーは、照度が低い室内光で高い発電性能を発揮する色素増感太陽電池の固体型を、世界で初めて発売開始した。電解液を使う従来の液体型とは異なり、固体型は液漏れや腐食が起こらないため、安全性や耐久性が向上。電子機器の充電レス化はもちろん、さまざまなセンサーを稼働させる自立型電源としても利用可能だ。今後は、充電不要なスマートフォンなどの実現を目指し、シースルー化の開発も進めていく。

高い開放電圧が得られる固体型色素増感太陽電池のモジュール

2 SDGsキーパーソン

2018年にリコージャパンで発足した、社内外でSDGsの普及･啓発に取り組むチーム。全国48支社をはじめとする各部門から職種を問わず社員が参加し、当初92人だったメンバーは2020年5月に238人まで増加した。ゲスト講師によるセミナーやグループディスカッションを行う研修などを通じてSDGsの理解を深め、リコーの製品・サービスを社会課題解決と結び付けることで、顧客や地域への貢献を目指している。

地域の催しで、キーパーソンが手づくりのスライドで親子にSDGsを解説

SDGs Message

「だれひとり取り残さない」というSDGsの理念に感銘を受け、業務としてSDGsに関われることに大きな喜びを感じています。私個人ができることには限界がありますが、SDGsキーパーソンのみなさんと協力しながらリコーグループをけん引するとともに、すべてのステークホルダーと一緒になって、社会のさまざまな課題を解決していきたいと思います。

太田 康子
リコージャパン
SDGs 推進グループ

17人の変革者 ❾

イノベーションは一人ひとりの地域への想いがつながって生み出すこともできる。それを実現しているSDGsキーパーソンと、そんな人たちをまとめるパワーが魅力の太田さん。

Goal ≫ 10

国内および各国間の不平等を減らす

国際社会は貧困の削減を進めてきましたが、紛争や災害、感染症などにより所得格差は拡大し、不平等は根強く残っています。格差や不平等を是正するには、弱い立場にある人々の状況にていねいに対応し、金融市場や金融機関の規制と監視を改善しなければなりません。すべての人々に行き届く経済を推進するために、社会的影響や環境面にも配慮した政策の採用を求める行動が必要です。

参考：国連開発計画（UNDP）駐日代表事務所ウェブサイト、国連広報センター（UNIC）ウェブサイト

Facts & Figures（事実と数字）

- 開発途上国では、人口の20％を占める最貧層世帯の子どもが5歳の誕生日を迎える前に死亡する確率が、20％の最富裕層の子どもの3倍に上ることが示されている。
- 開発途上国の多くで妊産婦の死亡率は全体として低下しているが、農村部の女性が出産中に死亡する確率は都市部の女性の3倍に上る。
- 所得の不平等の30％は、男女間を含む世帯内の不平等によって生じている。また、平均所得の50％未満で暮らす可能性は、男性より女性のほうが高い。

出典：UN「Sustainable Development Goals」ウェブサイト（2020年6月23日時点）

データが得られる92か国の半数以上で、**所得下位40％の**所得の伸びは国内平均を上回った（2011～2016年）

多くの国で、**所得上位1％に**渡る所得の割合がますます増大

所得下位40％が受け取るのは、所得全体の**25％未満**

出典：UN「The Sustainable Development Goals Report 2019」

私たち一人ひとりの行動が格差や不平等に影響することを知る機会が増えていますね。私たちの行動を見つめ直しましょう。

ゴール10のターゲット

10.1 2030年までに、各国の所得下位40%の人々の所得の伸び率を、国内平均を上回る数値で着実に達成し維持する。

10.2 2030年までに、年齢、性別、障害、人種、民族、出自、宗教、経済的地位やその他の状況にかかわらず、すべての人々に社会的・経済的・政治的に排除されず参画できる力を与え、その参画を推進する。

10.3 差別的な法律や政策、慣行を撤廃し、関連する適切な立法や政策、行動を推進することによって、機会均等を確実にし、結果の不平等を減らす。

10.4 財政、賃金、社会保障政策といった政策を重点的に導入し、さらなる平等を着実に達成する。

10.5 世界の金融市場と金融機関に対する規制とモニタリングを改善し、こうした規制の実施を強化する。

10.6 より効果的で信頼でき、説明責任のある正当な制度を実現するため、地球規模の経済および金融に関する国際機関での意思決定における開発途上国の参加や発言力を強める。

10.7 計画的でよく管理された移住政策の実施などにより、秩序のとれた、安全かつ正規の、責任ある移住や人の移動を促進する。

10.a 世界貿易機関（WTO）協定に従い、開発途上国、特に後発開発途上国に対して「特別かつ異なる待遇（S&D）」の原則を適用する。

各国の国家計画やプログラムに従って、ニーズが最も大きい国々、特に後発開発途上国、アフリカ諸国、小島嶼開発途上国、内陸開発途上国に対し、政府開発援助（ODA）や海外直接投資を含む資金の流入を促進する。

2030年までに、移民による送金のコストを3%未満に引き下げ、コストが5%を超える送金経路を完全になくす。

新訳ポイント

原文にあるinclusionはinclusiveの名詞形で、「含めること、包含、包括、（社会的な）一体性、（人種・文化などの）多様性の受け入れ」といった意味だが、ここでは社会・経済・政治の文脈から「排除されず参画できる（こと）」と訳した。

「共にささえあい生きる社会」の実現を目指す神奈川県相模原市では、普及啓発の一環としてキャッチフレーズをデザインしたラッピングバスが走っている（→P.130）

共にささえあい生きる社会 相模原市

SDGs Initiative

Case 10 「共にささえあい生きる社会」の実現

神奈川県相模原市

一人ひとりの尊厳を大切にし お互いに支え合う社会をつくる

相模原市は「共にささえあい生きる社会」というキャッチフレーズを掲げ、あらゆる人の尊厳が守られ、安心して暮らせる共生社会の実現を目指しています。同市は、障害者支援施設「神奈川県立津久井やまゆり園」の元職員が入所者を殺傷するという痛ましい事件を機に従来の計画を見直し、2018年に「さがみはら障害者プラン」を策定。障害等に関する理解促進のほか、障害のある人の地域生活の支援、就労環境の充実などを進めています。

For SDGs

相模原市の取り組み

1 障害のある人の地域生活支援と就労環境の充実

障害のある人が自らの意思が反映された生活を送ることができるよう、関係機関と連携して、意思決定の支援や自己選択の機会の確保を行う。また、障害者雇用日本一を目標に、市職員の障害者採用選考の年齢上限を45歳に引き上げ、障害のある職員の活躍の場として「事務サポートセンター」を設置。さらに、障害のある人の就労環境の充実に向けた実態調査を行うなど、将来の不安を解消し自立できる社会を目指す。

障害のある人が働きやすい職場として、事務サポートセンターを設置

2 共生社会の実現に向けた障害に対する理解促進

「共にささえあい生きる社会」というキャッチフレーズを活用し、市民の関心を高め理解を深める啓発動画を作成したほか、女子美術大学の学生がデザインしたラッピングバスの運行や、横断幕・ポスターの掲示を行う。また、パラスポーツ（障害者スポーツ）の体験イベントや、障害のある人が描いた絵画や書を展示する作品展を「障害者週間」に開催するなど、多様な活動を継続的に実施している。

パラスポーツへの理解を深めるイベント「さがみパラフェスタ」で、ボッチャの体験会を実施

SDGs Message

私が政治家を志したのは小学生のとき。障害のある同級生と行動を共にする中、母親から「世の中にはいろいろな人がいる。困った人がいたら助けてあげなさい」と言われたことがきっかけでした。だれもが必要とされている人間です。お互いの個性や特性を尊重して認め合い、困っている人がいたら助け合う。そんな社会を実現していきます。

本村 賢太郎
相模原市長

17人の変革者 10

命の尊さについて強いメッセージをもっている相模原市の先頭に立つ本村さんは、障害のある同級生からの応援も支えにしながら、走り続けています。

Goal 》 11

都市や人間の居住地を
だれも排除せず
安全かつレジリエントで
持続可能にする

世界人口の半分以上が都市部で暮らしており、2050年までに都市人口は全人口の3分の2となる65億人に達する見込みです。過密、住宅不足、インフラの劣化、大気汚染の悪化などの都市化がもたらす課題に対処するとともに、すべての人々が基本的サービスやエネルギー、安全・安価な住宅、公共交通機関を利用できるよう、だれもが参加できる方法で都市計画や管理を改善することも必要です。

参考：国連開発計画（UNDP）駐日代表事務所ウェブサイト、国連広報センター（UNIC）ウェブサイト

Facts & Figures（事実と数字）

- 今後数十年間の都市膨張の95%は開発途上地域で起きるとみられる。
- 現在スラム住民は８億8300万人で、その多くは東アジアと東南アジアにいる。
- 都市は、面積にして地球の陸地部分のわずか３%にすぎないが、エネルギー消費の60～80%、炭素排出量の75%を占めている。
- 2016年時点で、都市住民の90%は安全でない空気を吸っており、大気汚染による死者は420万人に上る。全世界の都市人口の過半数が、安全基準の2.5倍以上のレベルの大気汚染にさらされている。

出典：UN「Sustainable Development Goals」ウェブサイト（2020年6月23日時点）

公共交通手段への便利なアクセス※が可能なのは、都市住民の**わずか半数（53%）**（2018年）

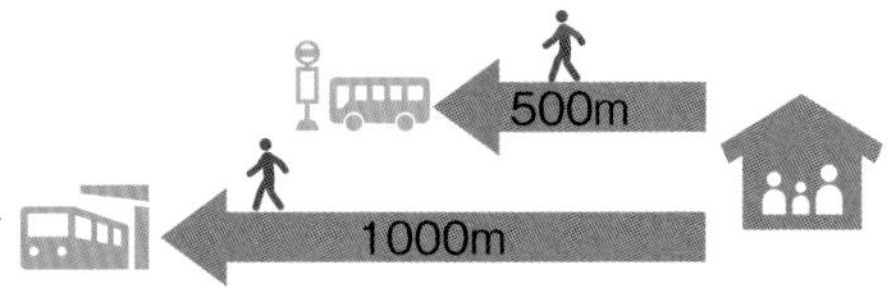

※便利なアクセスとは、バス停留所／少人数輸送システムから徒歩500m以内、鉄道駅またはフェリー乗り場から徒歩1000m以内に暮らしていること。

スラムおよび類似した環境で生活する都市住民の数（2018年）

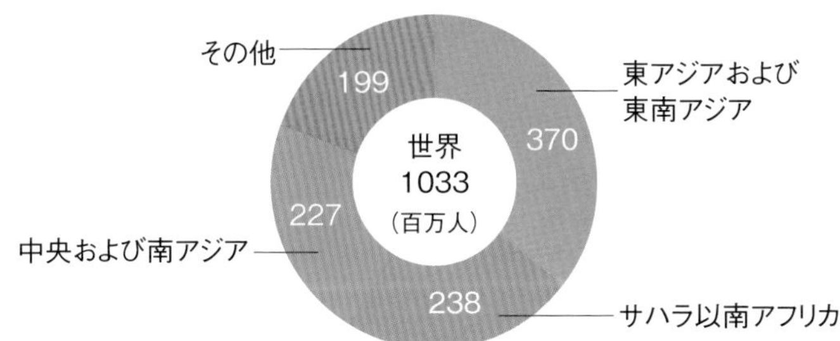

出典：UN「The Sustainable Development Goals Report 2019」

都市だけでなく
小さな集落でも、私たちが健全に
暮らし成長するために必要な
機能やサービスを考える
視点が大切ですね。

ゴール11のターゲット

11.1 2030年までに、すべての人々が、適切で安全・安価な住宅と基本的サービスを確実に利用できるようにし、スラムを改善する。

11.2 2030年までに、弱い立場にある人々、女性、子ども、障害者、高齢者のニーズに特に配慮しながら、とりわけ公共交通機関の拡大によって交通の安全性を改善して、すべての人々が、安全で、手頃な価格の、使いやすく持続可能な輸送システムを利用できるようにする。

11.3 2030年までに、すべての国々で、だれも排除しない①持続可能な都市化を進め、参加型で差別のない持続可能な人間居住を計画・管理する能力を強化する。

11.4 世界の文化遺産・自然遺産を保護・保全する取り組みを強化する。

11.5 2030年までに、貧困層や弱い立場にある人々の保護に焦点を当てながら、水関連災害を含め、災害による死者や被災者の数を大きく減らし、世界のGDP比における直接的経済損失を大幅に縮小する。

11.6 2030年までに、大気環境や、自治体などによる廃棄物の管理に特に注意することで、都市の一人あたりの環境上の悪影響を小さくする。

11.7 2030年までに、すべての人々、特に女性、子ども、高齢者、障害者などが、安全でだれもが使いやすい緑地や公共スペースを利用できるようにする。

11.a 各国・各地域の開発計画を強化することにより、経済・社会・環境面における都市部、都市周辺部、農村部の間の良好なつながりをサポートする。

2020年までに、すべての人々を含むこと[②]を目指し、資源効率、気候変動の緩和と適応、災害に対するレジリエンスを目的とした総合的政策・計画を導入・実施する都市や集落の数を大幅に増やし、「仙台防災枠組2015-2030」に沿って、あらゆるレベルで総合的な災害リスク管理を策定し実施する。

11.C

財政・技術支援などを通じ、現地の資材を用いた持続可能でレジリエントな建物の建築について、後発開発途上国を支援する。

新訳ポイント

① 原文にあるinclusiveは「すべてを含んだ、包括的な、包摂的な、一部の人を制限しない、いろいろな人が参加できる」などの意味だが、ここでは「だれも排除しない」とした。

② 原文にあるinclusionは「含めること、包含、包括、(社会的な) 一体性、(人種・文化などの) 多様性の受け入れ」といった意味だが、ここでは政策・計画のことなので「すべての人々を含むこと」と訳した。

一般社団法人 日本カーシェアリング協会では、カーシェアリングや車の貸し出しによって「助け合いにあふれ、安心して暮らし続けられる社会」を目指している(→P.136)

SDGs Initiative

Case 11 寄付車を用いた地域づくりと助け合い

一般社団法人 日本カーシェアリング協会

石巻で生まれたしくみを雛形に
持続可能な共助の社会を実現する

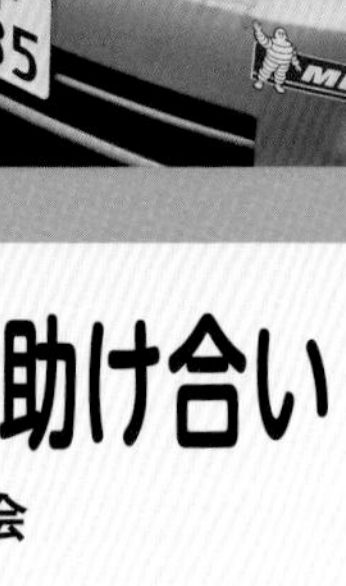

宮城県石巻市を拠点に、車を使った地域づくりや助け合いを行う日本カーシェアリング協会。「助け合いにあふれ、安心して暮らせる社会」を目指し、支え合う地域をつくる「コミュニティ・カーシェアリング」、車で地域を元気にする「ソーシャル・カーサポート」、災害時に車で困らない地域をつくる「モビリティ・レジリエンス」の３事業を手がけています。高齢社会・災害多発時代の解決策として、石巻での実践をほかの地域にも展開していきます。

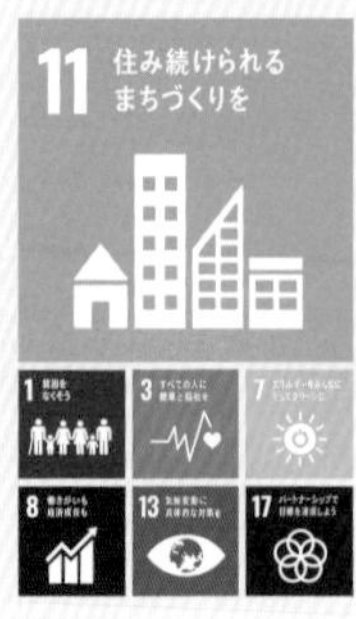

For SDGs

日本カーシェアリング協会の取り組み

1 コミュニティ・カーシェアリング

東日本大震災後、車不足の状況下で始まった仮設住宅でのカーシェアリングが、車の共同利用による支え合い・地域づくりに発展。外出支援が目的ではなく、ご近所同士で車を活用するサークル活動というのが本質だ。みんなで集まってお茶を飲みながら、利用ルールを話し合ったり旅行の計画を立てたりする。車の維持費や燃料代などの経費は平等に分担。親睦が深まり、支え合うコミュニティにつながっている。

無理せず楽しく、できる範囲で役割を担いながら運営するのが持続のカギ

2 ソーシャル・カーサポート

困っている人に安く車を貸し出す「ソーシャル・レンタカー」「ソーシャル・カーリース」で、人と地域を元気にするしくみ。生活困窮者や被災者、移住者、非営利活動に携わる人などに特別料金で車を貸し出したり、離島のNPOと連携して島を訪れる人の移動手段を確保したりと、車の貸し出しによって地域活性化に貢献する。被災地に迅速に車を届けるための、災害時に車を返却する低価格のカーリースも行う。

利用しやすい期間・価格で、地域のためにがんばる人や組織を応援する

SDGs Message

私たちが貸し出している車はすべて寄付していただいたもの。持ち主の想いが詰まった車をよい形で生かしたいと、さまざまな課題に向き合ってきました。目指すのは、車を寄付する文化を日本に根付かせ、日本中どこでも寄付車が集まり、災害時や各地の非営利活動で活用できるようにすること。持続可能な社会に必要なしくみです。

吉澤 武彦
日本カーシェアリング協会
代表理事

17人の変革者 11

吉澤さんは、東日本大震災の復興支援で縁もゆかりもない土地に入り、課題を解決しながらネットワークを積み重ね、これから必要となる社会インフラのモデルを構築してきました。

Goal 12

持続可能な消費・生産形態を確実にする

持続可能な消費と生産は、商品や資源の生産・消費方法の変革、環境負荷が低く働きがいのある人間らしい仕事の提供など、すべての人々の生活改善を意味します。持続可能な消費・生産形態を実現するには、生産者から消費者までを巻き込んだサプライチェーンの運用を重視し、消費者教育、基準や認証マークなどを通じた情報提供、持続可能な公共調達への参画などが重要になってきます。

参考：国連開発計画（UNDP）駐日代表事務所ウェブサイト、国連広報センター（UNIC）ウェブサイト

Facts & Figures（事実と数字）

- 2050年までに世界人口が96億人に達した場合、現在のライフスタイルを維持するのに必要な天然資源を供給するのに、ほぼ３個分の地球が必要になりかねない。
- 全世界で人々が省エネ型の電球に変えれば、年間1200億米ドルを節約できる。
- 毎年、生産される食料全体の３分の１に相当する13億トン、価値にしておよそ１兆ドルの食料が、消費者や小売業者のごみ箱で腐ったり、劣悪な輸送や収穫方法によって傷んだりしている。

出典：UN「Sustainable Development Goals」ウェブサイト（2020年6月23日時点）

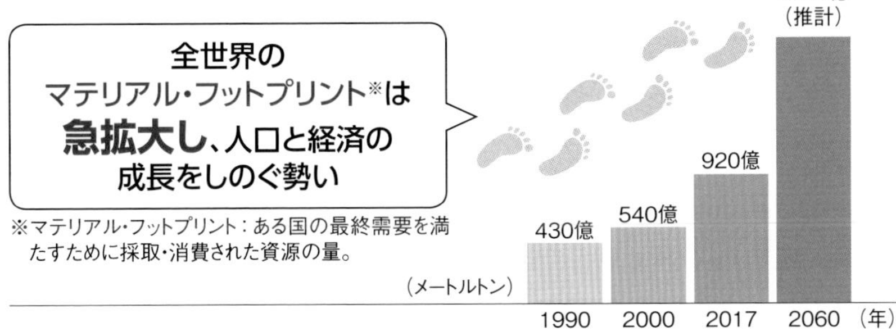

※マテリアル・フットプリント：ある国の最終需要を満たすために採取・消費された資源の量。

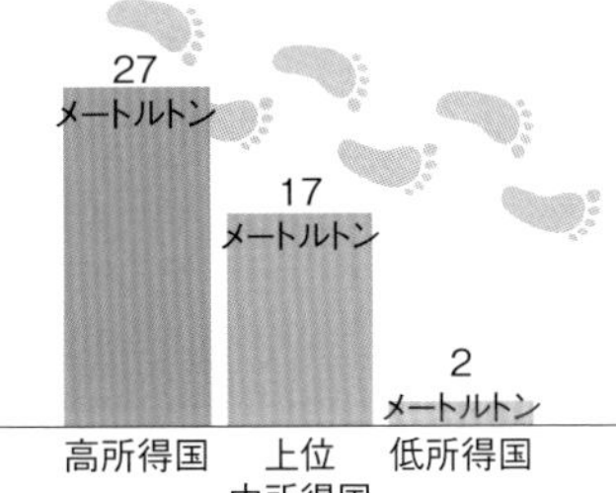

出典：UN「The Sustainable Development Goals Report 2019」

ゴール12のターゲット

先進国主導のもと、開発途上国の開発状況や能力を考慮しつつ、すべての国々が行動を起こし、「持続可能な消費と生産に関する10年計画枠組み（10YFP）」を実施する。

2030年までに、天然資源の持続可能な管理と効率的な利用を実現する。

12.3

2030年までに、小売・消費者レベルにおける世界全体の一人あたり食品廃棄を半分にし、収穫後の損失を含めて生産・サプライチェーンにおける食品ロスを減らす。

2020年までに、合意された国際的な枠組みに従い、製品ライフサイクル全体を通して化学物質や廃棄物の環境に配慮した管理を実現し、人の健康や環境への悪影響を最小限に抑えるため、大気、水、土壌への化学物質や廃棄物の放出を大幅に減らす。

2030年までに、廃棄物の発生を、予防、削減（リデュース）、再生利用（リサイクル）や再利用（リユース）により大幅に減らす。

12.6

企業、特に大企業や多国籍企業に対し、持続可能な取り組みを導入し、持続可能性に関する情報を定期報告に盛り込むよう促す。

12.7

国内の政策や優先事項に従って、持続可能な公共調達の取り組みを促進する。

12.8

2030年までに、人々があらゆる場所で、持続可能な開発や自然と調和したライフスタイルのために、適切な情報が得られ意識がもてるようにする。

より持続可能な消費・生産形態に移行するため、開発途上国の科学的・技術的能力の強化を支援する。

雇用創出や地域の文化振興・産品販促につながる持続可能な観光業に対して、持続可能な開発がもたらす影響を測定する手法を開発・導入する。

12.c

税制を改正し、有害な補助金がある場合は環境への影響を考慮して段階的に廃止するなど、各国の状況に応じて市場のひずみをなくすことで、無駄な消費につながる化石燃料への非効率な補助金を合理化する。その際には、開発途上国の特別なニーズや状況を十分に考慮し、貧困層や影響を受けるコミュニティを保護する形で、開発における悪影響を最小限にとどめる。

新訳ポイント

削減、再生利用、再利用は、日本でも「3R」として英語のリデュース、リサイクル、リユースが定着しているので、日本語の後にカタカナで入れた。

さまざまな認証マーク

※これらの認証マークは日本サステナブル・ラベル協会（JSL）が広報サポートをしている。

責任ある森林管理により生産される木材とその製品を認証するFSC®のロゴ

環境と社会に配慮した責任ある養殖により生産された水産物を認証するASCのロゴ

適切に管理された持続可能な漁業による天然の水産物の証であるMSC「海のエコラベル」

経済、人権、環境などにおいて持続可能な生産と取引を認証する国際フェアトレード認証ラベル

オーガニックの繊維原料から環境・社会に配慮してつくられた製品であることを示すマーク

責任ある方法で生産を行う認証農園産の製品に付けられるレインフォレスト・アライアンス認証マーク

SDGs Initiative

Case 12 未来を変える買い物

楽天株式会社

いつもの買い物をサステナブルに 一人ひとりの行動が未来を変える

インターネット・ショッピングモール「楽天市場」を運営する楽天。2017年の創業20周年時に、サステナビリティ（持続可能性）を会社としてどう考えていくか議論する中で、「持続可能な消費活動」を重要課題として位置付けました。持続可能な消費活動を推進するプロジェクトとして、2018年５月、環境や社会に配慮した商品と出会う場「EARTH MALL with Rakuten」をオープン。サステナブルな買い物文化をつくるための情報発信を行っています。

楽天の取り組み

EARTH MALL with Rakuten

楽天市場に掲載されている商品を「持続可能性」という切り口で特集して紹介している「EARTH MALL with Rakuten」。生産、流通、販売、使用から廃棄・リサイクルに至る過程で、環境、社会、経済への影響に配慮した商品やサービスを購入することを「未来を変える買い物」と呼び、その考えにもとづいて、国際認証を取得した商品などをセレクトしている。

「EARTH MALL with Rakuten」は約7000点の商品からスタートしたが、認証取得商品に加え、独自の評価基準で商品を紹介することで、2020年中に商品点数の大幅な拡大を目指している。

また、「未来を変える読み物」と題して、サステナブルな買い物やライフスタイルに関するアイデア、生産者・事業者の物語などを幅広く紹介。これらの記事を読んで商品を購入するユーザーも多い。

今後、消費者参加型でサステナブルな商品のデータベースをつくったり、楽天市場での商品選択時に「サステナビリティ」という指標を設けたりすることも検討している。

適正管理された森林の林産物を使用していることを示すFSC®認証を取得した商品

トップページには、月替わりで編集部の注目アイテムをピックアップして掲載

SDGs Message

「EARTH MALL with Rakuten」は、世の中にとって何が大事か？を考えて、社内で仲間をつくりながらボトムアップで立ち上げました。今では楽天グループにおけるひとつのコミュニケーション・ツールとして機能しています。とにかく行動することが大事！ そうすれば共感を呼んで広がりが生まれます。

眞々部 貴之
楽天 サステナビリティ部
シニアマネージャー

17人の変革者 ⑫

生態系を大自然の中で研究していた眞々部さんは、人間社会と地球のつながりを見せるために、博報堂のアイデア「EARTH MALL」を形にしてくださいました。

Goal 13

気候変動とその影響に立ち向かうため、緊急対策を実施する

気候変動はあらゆる大陸のあらゆる国に影響を与え、経済を混乱させ、人々やコミュニティ、国に莫大なコストを強いています。再生可能エネルギーの利用や温室効果ガス排出量削減に加え、適応策に資する幅広い取り組みを行う人々が増える中で、変革のペースは速まっていますが、さらに、政治的な意志と幅広い技術の活用で後押ししつつ、早急に団結して行動を起こす必要があります。

参考：国連開発計画（UNDP）駐日代表事務所ウェブサイト、国連広報センター（UNIC）ウェブサイト

Facts & Figures（事実と数字）

- 1880 ～ 2012年に、地球の**平均気温は0.85℃上昇**した。大局的に見ると、平均気温が１℃上昇するごとに**穀物の収量は約５％ずつ低下**する。1981 ～ 2002年、トウモロコシや小麦、その他の主要作物の収量は、温暖化のため全世界で**毎年4000万トン減**と大幅に減少した。
- 海水温が上昇し、雪氷の量が減少した結果、海面が上昇している。1901 ～ 2010年に、温暖化により世界の**平均海水面は19㎝上昇**した。
- 1850 ～ 1900年の期間を基準とする地球の平均気温上昇は、ひとつを除くすべてのシナリオで、**今世紀末までに1.5℃を上回る**とみられている。

出典：UN「Sustainable Development Goals」ウェブサイト（2020年6月23日時点）

2015～2016年の全世界の気候変動対策資金は2013～2014年に対して17％増額されたが、化石燃料への投資は気候変動対策への投資を依然として上回っている

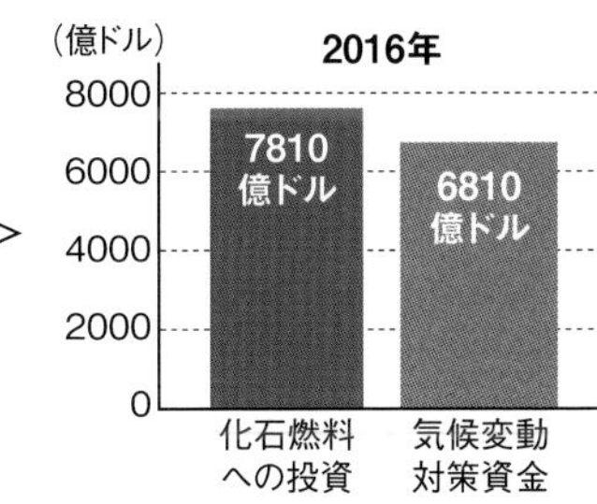

◉温室効果ガス排出量レベル（年間CO_2排出量換算／ギガトン）

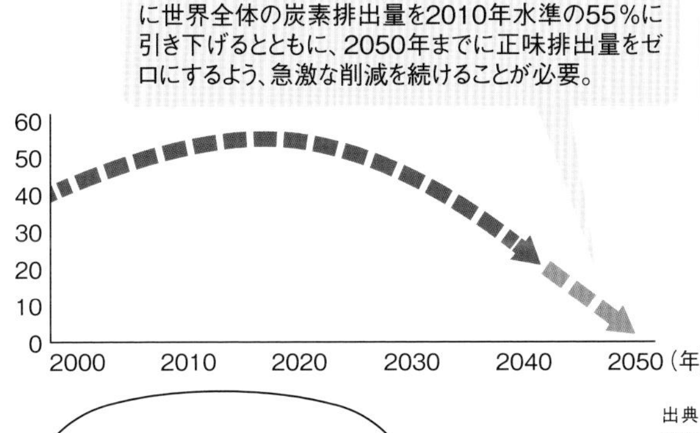

2017年の大気中の二酸化炭素濃度は、産業革命以前の水準の**146％**に

出典：UN「The Sustainable Development Goals Report 2019」

脱炭素社会に向けた緩和策と、災害や感染症への適応策。私たちの行動で、未来の命と今の命を守っていきましょう。

ゴール13のターゲット

13.1 すべての国々で、気候関連の災害や自然災害に対するレジリエンスと適応力を強化する。

13.2 気候変動対策を、国の政策や戦略、計画に統合する。

13.3 気候変動の緩和策と適応策、影響の軽減、早期警戒に関する教育、啓発、人的能力、組織の対応能力を改善する。

13.a 重要な緩和行動と、その実施における透明性確保に関する開発途上国のニーズに対応するため、2020年までにあらゆる供給源から年間1000億ドルを共同で調達するという目標への、国連気候変動枠組条約（UNFCCC）を締約した先進国によるコミットメントを実施し、可能な限り早く資本を投入して「緑の気候基金」の本格的な運用を開始する。

13.b 女性や若者、地域コミュニティや社会の主流から取り残されたコミュニティに焦点を当てることを含め、後発開発途上国や小島嶼開発途上国で、気候変動関連の効果的な計画策定・管理の能力を向上させるしくみを推進する。

*国連気候変動枠組条約（UNFCCC）が、気候変動への世界的な対応について交渉を行う最優先の国際的政府間対話の場であると認識している。

特定非営利活動法人 鶴見川流域ネットワーキングは、鶴見川を拠点に「流域思考」による総合治水・流域保全の活動を展開している（→P.147）

SDGs Initiative

Case 13 「流域思考」にもとづく気候変動適応策

特定非営利活動法人 鶴見川流域ネットワーキング（TRネット）

■■■■

「流域思考」と市民の連携・協働により 適応策として総合治水・流域保全を推進

市民団体、企業、行政などと連携・協働し、鶴見川流域で自然と共生する暮らしと文化の創造を目指して活動する、鶴見川流域ネットワーキング。代表理事の岸由二さんは、治水・防災から環境保全までを、人為的な行政区分ではなく、「雨水が水系に集まる大地の範囲」であり水循環の単位となる「流域」で総合的に考える「流域思考」を提唱しています。流域思考にもとづく治水は、台風や豪雨による被害を防ぐ、気候変動の適応策だと言えます。

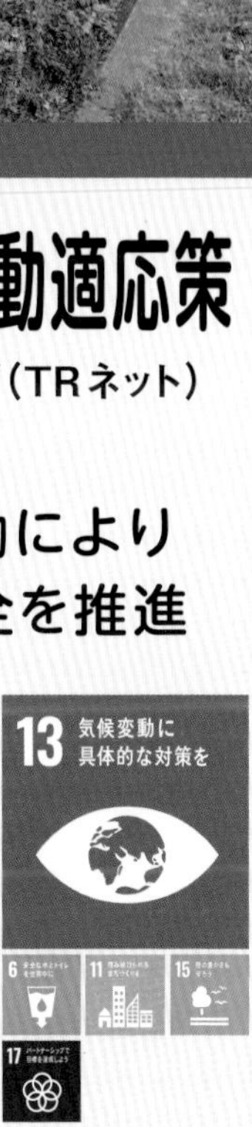

For SDGs

鶴見川流域ネットワーキングの取り組み

1 「花咲く鶴見川」アクションプラン

2004年に策定され2015年に改定された、鶴見川の統合的な流域計画である「鶴見川流域水マスタープラン」。そのビジョンを推進するアクションプランのひとつで、鶴見川流域をカンゾウなどの花でいっぱいにし、外来種の抑制と景観の改善を目指すもの。さらに、水をためる花壇「レインガーデン」をつくることで、貯水池としても機能する。楽しみながらだれにでもできる適応策のひとつだ。

雨水をため時間をかけて地下へ浸透させるレインガーデンは"小さな流域"

2 流域環境学習・学習支援

気候変動を背景とした豪雨・渇水に対する適応策の推進には、「流域」で考えることが欠かせない。「流域思考」を子どもたちにわかりやすく伝え、身近な流域に親しんでもらうため、成長・発達段階による興味・関心の変化に応じた学習の機会を提供している。「鶴見川流域センター」での多面的な学習体験を受託しているほか、校庭でのビオトープ学習支援や出前授業など、学校における流域環境学習の支援も行う。

安全・安心で魅力ある流域環境学習を行い、流域を大切にする次世代を育てる

SDGs Message

「流域思考」とは、大地の凸凹、つまり地形を基準にした地図を生活に取り入れ、防災・減災や環境保全に役立てようというものです。自分のいる場所を、行政区分の住所ではなく流域で表すとどうなるか。流域で世界をとらえる「流域感覚」を子どもの頃に身につけることが大事なので、小学校で流域の学習が始まるのは喜ばしいですね。

岸 由二
鶴見川流域ネットワーキング
代表理事

17人の変革者 ⑬

国の成り立ちや人の暮らし、地球に人が住める理由は、流域思考で整理されます。流域思考なき都市計画では命を守れない。岸さんの人生を懸けたメッセージです。

SDGs Key Player 4

国谷裕子（くにやひろこ）さん

キャスター

くにや ひろこ●米ブラウン大学卒。1993～2016年の23年間、NHK「クローズアップ現代」キャスター。現在、東京藝術大学理事、慶應義塾大学特任教授、自然エネルギー財団理事、FAO（国連食糧農業機関）親善大使。SDGsの取材・啓発を中心に活動を行う。2002年菊池寛賞、2011年日本記者クラブ賞受賞。

なぜSDGsに注目したのですか？

NHK「クローズアップ現代」でSDGsを取り上げた際に、SDGs取りまとめの中心的役割を果たしたナイジェリアのアミーナ・モハメッドさんにインタビューを行い、感銘を受けました。世界の諸問題は複雑に絡み合っていて、格差や分断なども広がっていますが、SDGsはそれらに対するポジティブな解決策を与えてくれるものでした。

ある課題解決のためによかれと行った施策が結果的に新たな課題を引き起こす事例を、番組で何度も経験しました。SDGsに出会ったことで、そうしたことが起きないよう包括的な視点で課題をとらえることを学んだのです。サステナブルな世界を実現していくには、経済・社会・環境を統合的に考える“SDGsのまなざし”が大切です。

国谷さんにとってSDGsとは何ですか？

地球と、人間を含む生命、そして社会の持続可能性が懸かっているものですね。今後、人間が地球上で豊かな生活を送れるかどうかのチェックリストです。私たち人間は、地球がもつ生命維持システムを壊しつつあります。それを食い止めるには、これまでの経済や社会のシステムを変える必要があります。特に、エネルギー、食料、都市、生産と消費のシステム変革です。それがなぜ必要かを、またSDGsの多くのターゲットには相互に連関性があることを、ストーリーテリングによって伝えていきたいと考えています。

Goal 》14

持続可能な開発のために、
海洋や海洋資源を保全し
持続可能な形で利用する

海洋は、地球を人類が住める場所にするシステムを構築しています。私たちの飲料水や食べ物をはじめ、気象・気候、大気中の酸素は、海が提供・制御しているのです。しかし、世界の漁業資源の30%が乱獲され、持続可能な漁獲水準を下回っています。陸上活動に由来する汚染から海洋・沿岸生態系を守り、持続可能な形で管理し、乱獲や海洋酸性化を抑えるための規制の導入が必要です。

参考：国連開発計画（UNDP）駐日代表事務所ウェブサイト、国連広報センター（UNIC）ウェブサイト

Facts & Figures（事実と数字）

- 海洋は地球の表面積の４分の３を占め、地球の水の97%を蓄え、体積で地球上の生息空間の99%を占めている。
- 30億人以上が海洋と沿岸部の生物多様性に依存して生計を立てている。
- 海洋は人間がつくり出した二酸化炭素の約30%を吸収し、地球温暖化の影響を和らげている。
- 海洋は世界最大のたんぱく源となっており、30億人以上が海洋をおもなたんぱく源としている。
- 海面漁業は直接的または間接的に２億人以上を雇用している。

出典：UN「Sustainable Development Goals」ウェブサイト（2020年6月23日時点）

海洋酸性度は、
産業革命以前との比較で
26％上昇
2100年までに、さらに
100～150％
急上昇する見込み

生物学的に
持続可能な水準にある
魚類資源の割合は、
1974年の**90％**から
2015年には**67％**へと減少

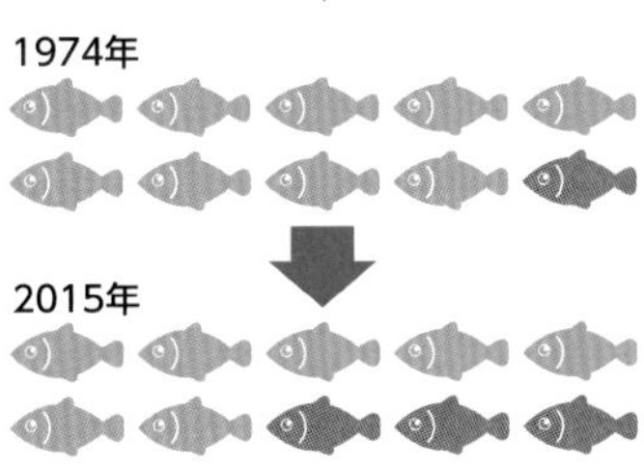

出典：UN「The Sustainable Development Goals Report 2019」

地球を維持するために
多くの役割を担ってくれている
海への想像力がもっと必要だと、
さまざまなデータが私たちに
教えてくれていますね。

ゴール14のターゲット

14.1

2025年までに、海洋堆積物や富栄養化を含め、特に陸上活動からの汚染による、あらゆる種類の海洋汚染を防ぎ大幅に減らす。

14.2

2020年までに、重大な悪影響を回避するため、レジリエンスを高めることなどによって海洋・沿岸の生態系を持続的な形で管理・保護する。また、健全で豊かな海洋を実現するため、生態系の回復に向けた取り組みを行う。

14.3

あらゆるレベルでの科学的協力を強化するなどして、海洋酸性化の影響を最小限に抑え、その影響に対処する。

14.4

2020年までに、漁獲を効果的に規制し、過剰漁業や違法・無報告・無規制（IUU）漁業、破壊的な漁業活動を終わらせ、科学的根拠にもとづいた管理計画を実施する。これにより、水産資源を、実現可能な最短期間で、少なくとも各資源の生物学的特性によって定められる最大持続生産量※1のレベルまで回復させる。

14.5

2020年までに、国内法や国際法に従い、最大限入手可能な科学情報にもとづいて、沿岸域・海域の少なくとも10%を保全する。

14.6

2020年までに、過剰漁獲能力や過剰漁獲につながる特定の漁業補助金を禁止し、違法・無報告・無規制（IUU）漁業につながる補助金を完全になくし、同様の新たな補助金を導入しない。その際、開発途上国や後発開発途上国に対する適切で効果的な「特別かつ異なる待遇（S&D）」が、世界貿易機関（WTO）漁業補助金交渉の不可欠な要素であるべきだと認識する。

14.7

2030年までに、漁業や水産養殖、観光業の持続可能な管理などを通じて、海洋資源の持続的な利用による小島嶼開発途上国や後発開発途上国の経済的便益を増やす。

海洋の健全性を改善し、海の生物多様性が、開発途上国、特に小島嶼開発途上国や後発開発途上国の開発にもたらす貢献を高めるために、「海洋技術の移転に関するユネスコ政府間海洋学委員会の基準・ガイドライン」を考慮しつつ、科学的知識を高め、研究能力を向上させ、海洋技術を移転する。

小規模で伝統的漁法の漁業者が、海洋資源を利用し市場に参入できるようにする。

「我々の求める未来」※2の第158パラグラフで想起されるように、海洋や海洋資源の保全と持続可能な利用のための法的枠組みを規定する「海洋法に関する国際連合条約（UNCLOS）」に反映されている国際法を施行することにより、海洋や海洋資源の保全と持続可能な利用を強化する。

※1　最大持続生産量：生物資源を減らすことなく得られる最大限の収獲のこと。おもにクジラを含む水産資源を対象に発展してきた資源管理概念。最大維持可能漁獲量とも言う。

※2　「我々の求める未来」：2012年6月にブラジルのリオデジャネイロで開催された「国連持続可能な開発会議（リオ＋20）」で採択された成果文書「The Future We Want」（→P.19）。

沖縄県宮古島のエコツーラボ合同会社は、海の生態系で重要な役割を果たしているサンゴ礁の保全活動を行っている（→P.154）

SDGs Initiative

Case 14 宮古島のSDGsサステナブルツーリズム

エコツーラボ合同会社（エコガイドカフェ）

■■■■

観光客が来れば来るほど美しくなる “SDGsアイランド”宮古島を目指して

沖縄で最もオーバーツーリズムが危惧されている宮古島で、その解決策としてサステナブルツーリズムを推進しているエコガイドカフェ。「観光客が増えるほど美しくなる宮古島」を目指して、貴重な観光資源であり海の生態系でも重要な役割を担うサンゴ礁を保全するための「ノータッチサンゴマナー」の啓発に力を入れており、環境と経済の両輪を回す「トレードオン・モデル」として、マナー啓発による集客を提唱・実践しています。

エコガイドカフェの取り組み

1 「ノータッチサンゴマナー」の啓発

海底の石や岩場で育つ幼サンゴを守る「ノータッチサンゴマナー」。マナーの指導・強要ではなく、スタッフがていねいな声かけを行い、「サンゴの赤ちゃんを守ろう」という言葉が共感の輪を広げ、観光客同士も自然と声をかけ合うという好循環を生んでいる。共感の輪はさらなるマナー普及につながり、ほかの地域のサンゴ保全にも貢献。マナー提唱者のエコガイドカフェは、国内外からの観光客でにぎわった。

「ノータッチサンゴマナー」を写真でわかりやすく説明。英語版に加え中国語版もある

2 SDGsキャリア発達のアクティブラーニング

SDGs課題において「知っている」から「できる」へとキャリア発達を促すアクティブラーニングは、次世代リテラシーを高める注目の学習方法。エコガイドカフェでは、SDGsキャリア発達のためのアクティブラーニングを、修学旅行や企業研修などで実施している。サンゴをきっかけに、海洋ゴミ、海洋酸性化、オーバーツーリズムなどを統合的に理解して、SDGsアクションへと導くことがねらいだ。

海を舞台にしたSDGsキャリア発達のアクティブラーニング

SDGs Message

私にとって「海の豊かさ」とは、ありのままの自然の姿です。海の生物多様性を育むサンゴを助けるのは当たり前のこと。そして、エコツアーを通してサンゴの保全活動を行うことで、より多くの観光客がやって来ます。環境保全に力を入れると経済もついてくるのです。それこそがSDGs。環境と経済の両輪で革新を起こしていきたいと思います。

猪澤 也寸志
エコガイドカフェ 代表

17人の変革者 14

宮古島を訪れた人たちがノータッチサンゴマナーを身につけ、今度は世界中の海を守るようになる。猪澤さんは、そんな素敵なことを本気で考えて行動しています。

Goal 15

陸の生態系を保護・回復するとともに持続可能な利用を推進し、持続可能な森林管理を行い、砂漠化を食い止め、土地劣化を阻止・回復し、生物多様性の損失を止める

人間の生命は陸地にも支えられています。森林は全陸地面積の約30%を占め、数百万の生物種の生息地や、きれいな空気と水の重要な供給源であり、気候変動においてもカギを握っています。貧困と闘う人々の生活にも影響を及ぼす森林破壊や砂漠化などを食い止め、持続可能な資源管理を強化し、生物多様性の損失を止めるためには、今すぐ対策を取る必要があり、財政投資も行われています。

参考：国連開発計画（UNDP）駐日代表事務所ウェブサイト、国連広報センター（UNIC）ウェブサイト

Facts & Figures（事実と数字）

- およそ16億人が森林に依存して生計を立てている。その中には約7000万人の先住民が含まれる。
- 森林には陸生種の動植物と昆虫の80％以上が生息している。
- 毎年、干ばつと砂漠化によって1200万ヘクタールの土地が失われている。これは１年間で2000万トンの穀物が栽培できる面積にあたる。
- 確認されている8300の動物種のうち、８％は絶滅し、22％が絶滅の危機にさらされている。

出典：UN「Sustainable Development Goals」ウェブサイト（2020年6月23日時点）

◉ レッドリスト指数※

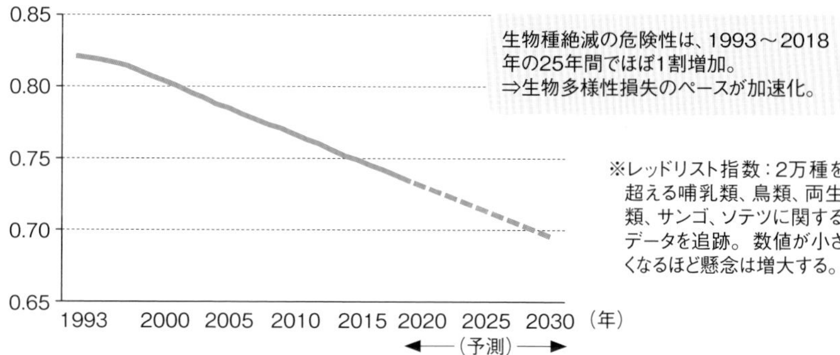

※レッドリスト指数：2万種を超える哺乳類、鳥類、両生類、サンゴ、ソテツに関するデータを追跡。数値が小さくなるほど懸念は増大する。

土地劣化は、地球の陸域面積の5分の1と、10億人の生活に影響する

出典：UN「The Sustainable Development Goals Report 2019」

ゴール15のターゲット

15.1 2020年までに、国際的合意にもとづく義務により、陸域・内陸淡水生態系とそのサービス※1、特に森林、湿地、山地、乾燥地の保全と回復、持続可能な利用を確実なものにする。

15.2 2020年までに、あらゆる種類の森林の持続可能な経営①の実施を促進し、森林減少を止め、劣化した森林を回復させ、世界全体で新規植林と再植林を大幅に増やす。

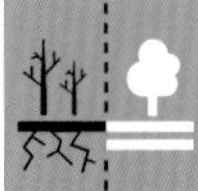

15.3 2030年までに、砂漠化を食い止め、砂漠化や干ばつ、洪水の影響を受けた土地を含む劣化した土地と土壌を回復させ、土地劣化を引き起こさない世界の実現に尽力する。

15.4 2030年までに、持続可能な開発に不可欠な恩恵をもたらす能力を高めるため、生物多様性を含む山岳生態系の保全を確実に行う。

15.5 自然生息地の劣化を抑え、生物多様性の損失を止め、2020年までに絶滅危惧種を保護して絶滅を防ぐため、緊急かつ有効な対策を取る。

15.6 国際合意にもとづき、遺伝資源の利用から生じる利益の公正・公平な配分を促進し、遺伝資源を取得する適切な機会を得られるようにする。

15.7 保護の対象となっている動植物種の密猟や違法取引をなくすための緊急対策を実施し、違法な野生生物製品の需要と供給の両方に対処する。

15.8 2020年までに、外来種の侵入を防ぐとともに、これらの外来種が陸や海の生態系に及ぼす影響を大幅に減らすための対策を導入し、優占種※2を制御または一掃する。

2020年までに、生態系と生物多様性の価値を、国や地域の計画策定、開発プロセス、貧困削減のための戦略や会計に組み込む。

生物多様性および生態系の保全と持続的な利用のために、あらゆる資金源から資金を調達し大幅に増やす。

持続可能な森林管理②に資金を提供するために、あらゆる供給源からあらゆるレベルで相当量の資金を調達し、保全や再植林を含む森林管理②を推進するのに十分なインセンティブを開発途上国に与える。

地域コミュニティが持続的な生計機会を追求する能力を高めることなどにより、保護種の密猟や違法な取引を食い止める取り組みへの世界規模の支援を強化する。

新訳ポイント

①ここでは林業のことを述べているので、原文にあるmanagementを「経営」と訳した。

②原文にあるforest managementは、ここでは林業だけでなく幅広い意味だと考え、「森林管理」とした。

※1　生態系サービス：生物・生態系に由来し、人間にとって利益となる機能のこと。
※2　優占種：生物群集で、量が特に多くて影響力が大きく、その群集の特徴を決定付け代表する種。

持続可能な森林管理を推進する速水林業の山林がある、三重県紀北町海山区の眺望（→P.160）

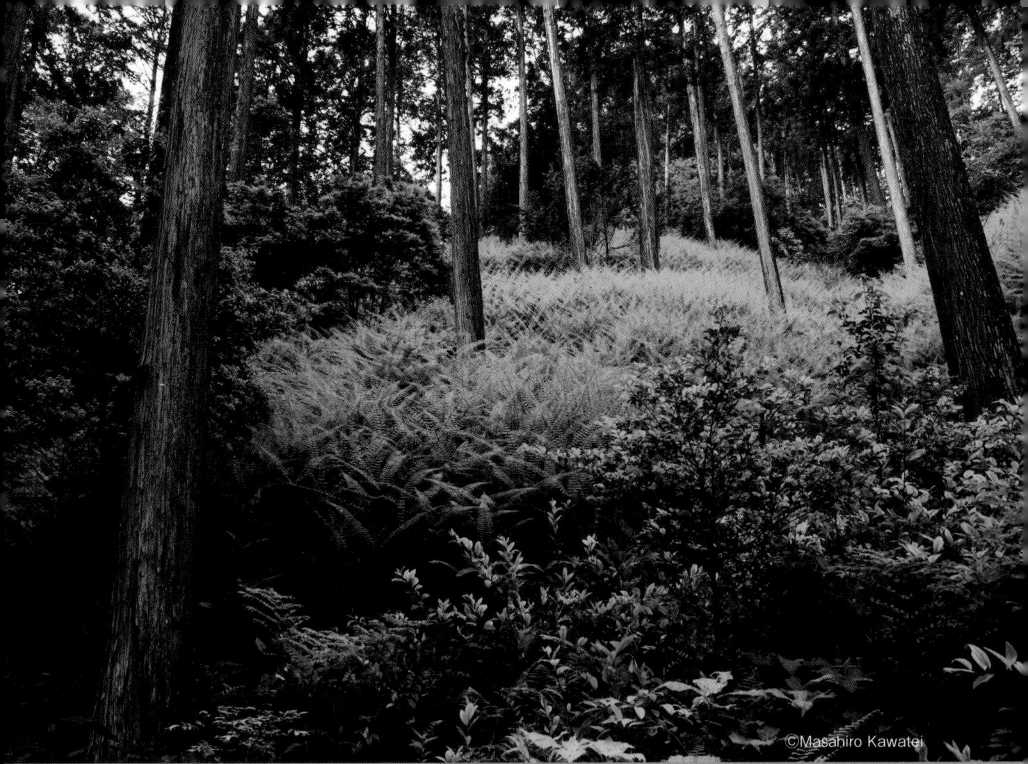
©Masahiro Kawatei

SDGs Initiative

Case 15 持続可能で責任ある森林管理

速水林業

持続可能な森林の管理・保全によって「だれも不幸にしない木材利用」を実現

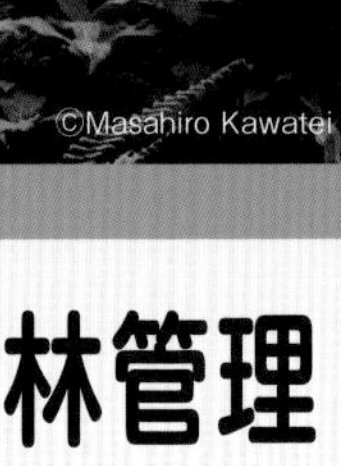
15 陸の豊かさも守ろう
6
8
12

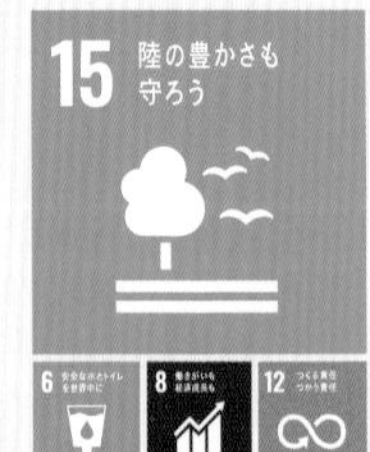

世界の木材消費量の約4割は生活燃料としての利用。森林の荒廃・破壊は、さまざまな生き物の命を奪い、人々の命をつなぐ燃料を取り上げ、薪拾いのために子どもたちの勉強時間を削り、それが児童労働や児童買春につながる、負の連鎖を生み出します。江戸時代から続く三重県紀北町の速水林業は、「だれも不幸にしない木材利用」を目指し、適切な森林管理を進めてきました。FSC®認証を日本で初めて取得し、山の豊かさを守っています。

For SDGs

速水林業の取り組み

日本初のFSC®認証取得

高品質材である尾鷲ヒノキをはじめとする木材を供給するために、森林の手入れを代々続けてきた速水林業。豊かな土壌こそが森林を発展させるという考えにもとづき、数十年にわたり森林内の下層植生の維持、広葉樹の繁茂に努めてきた。また、積極的な間伐で林内に光を入れ、生物の多様性を確保。環境配慮型の森林管理、"人を魅了する山づくり"に注力する。

また、世界の森林を訪ね、さまざまな課題について議論してきた経験や、違法伐採された木材が流通することへの問題意識などから、「どこから来た木材か」がわかるしくみに注目。2000年に、森林管理の認証を行う国際機関「FSC（森林管理協議会）」の認証を日本で初めて取得した。速水林業が行ってきた森林管理が、適切で持続可能なものだということが、国際的にも認められたのである。

FSC認証をコミュニケーション・ツールとして、人々が「だれも不幸にしない木材」を選択できるよう、持続可能で責任ある森林管理の普及と発展、FSC認証の浸透に力を入れている。

木材の生産量を増やすことが求められているにも関わらず、美しい山桜を数多く残す。その従業員の心意気が素敵だ

管理受託した放置林再生のための調査で汗だくになった後、お弁当の時間

SDGs Message

何気なく使っている木材が、世界のどこかで子どもたちを苦しめていないか。その意識をもつことが重要です。FSCは、命を大事にして「だれも不幸にしない木材利用」を意識するための手引き。SDGsも同じで、頭の片隅に置き、判断材料として照らし合わせるものです。SDGsの取り組みを、満点は無理でも、調和を取りながら積み上げていきます。

速水 亨
速水林業 代表

17人の変革者 ⑮

環境・社会・経済の連関が見られる速水さんの山。「最も美しい森林は、また最も収穫多き森林である」というドイツの林学者の言葉を確かめることができます。

Goal 16

持続可能な開発のための平和でだれをも受け入れる社会を促進し、すべての人々が司法を利用できるようにし、あらゆるレベルにおいて効果的で説明責任がありだれも排除しないしくみを構築する

平和、安定、人権、法の支配にもとづく効果的なガバナンスは、持続可能な開発において重要な手段です。平和でだれをも受け入れる社会を促進するためには、国際的な殺人、子どもの虐待、人身取引や性暴力に立ち向かうことが重要。個人の権利保護のため、全世界で出生登録の導入と独立性の高い人権機関の設置も必要です。

参考：国連開発計画（UNDP）駐日代表事務所ウェブサイト、国連広報センター（UNIC）ウェブサイト

Facts & Figures（事実と数字）

- 贈収賄や横領、窃盗、脱税は、年間およそ1兆2600億米ドルの被害を開発途上国に及ぼしている。これは、1日1.25ドル未満※で暮らす人々が、1.25ドル以上で少なくとも6年間生活できる金額に相当する。
- 5歳未満児の73％は出生登録されているが、サハラ以南アフリカでは出生登録率が46％にとどまっている。
- 紛争被災地域には、小学校就学年齢で学校に通えていない子どもがおよそ2850万人いる。
- 毎年、世界の子どもの50％が暴力を受けている。

※かつて1日1.25ドル未満だった極度の貧困の定義は、2015年10月に1日1.90ドル未満に修正された。

出典：UN「Sustainable Development Goals」ウェブサイト（2020年6月23日時点）

殺人の犠牲者のうち男性が占める割合は全体の80％

ただし

親密なパートナーや家族による殺人の犠牲者に女性が占める割合は64％

把握された人身取引の被害者に女性・女子が占める割合は70％

その大半の取引目的は性的搾取

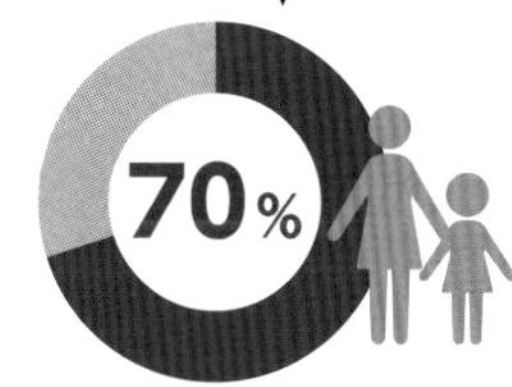

出典：UN「The Sustainable Development Goals Report 2019」

生まれた国や宗教、性的指向・性自認を問わず、だれもが安心して暮らせるための制度やしくみに、私たちが変えていきましょう。

ゴール16のターゲット

16.1 すべての場所で、あらゆる形態の暴力と暴力関連の死亡率を大幅に減らす。

16.2 子どもに対する虐待、搾取、人身売買、あらゆる形態の暴力、そして子どもの拷問をなくす。

16.3 国および国際的なレベルでの法の支配を促進し、すべての人々が平等に司法を利用できるようにする。

16.4 2030年までに、違法な資金の流れや武器の流通を大幅に減らし、奪われた財産の回収や返還を強化し、あらゆる形態の組織犯罪を根絶する。

16.5 あらゆる形態の汚職や贈賄を大幅に減らす。

16.6 あらゆるレベルにおいて、効果的で説明責任があり透明性の高いしくみを構築する。

16.7 あらゆるレベルにおいて、対応が迅速で、だれも排除しない、参加型・代議制の意思決定を保障する。

16.8 グローバル・ガバナンスのしくみへの開発途上国の参加を拡大・強化する。

2030年までに、出生登録を含む法的な身分証明をすべての人々に提供する。

国内法規や国際協定に従い、だれもが情報を利用できるようにし、基本的自由を保護する。

暴力を防ぎ、テロリズムや犯罪に立ち向かうために、特に開発途上国で、あらゆるレベルでの能力向上のため、国際協力などを通じて関連する国家機関を強化する。

持続可能な開発のための差別的でない法律や政策を推進し施行する。

新訳ポイント

169ターゲットに度々出てくるcombatを、新訳では争いや対立という考え方をよしとせず「～に立ち向かう」などと訳しているが、ここでは組織犯罪なので強い意味の「～を根絶する」とした。

アフターケア相談所 ゆずりはでは、一般就労が難しい人たちのための仕事としてジャムづくりを行う（→P.166）

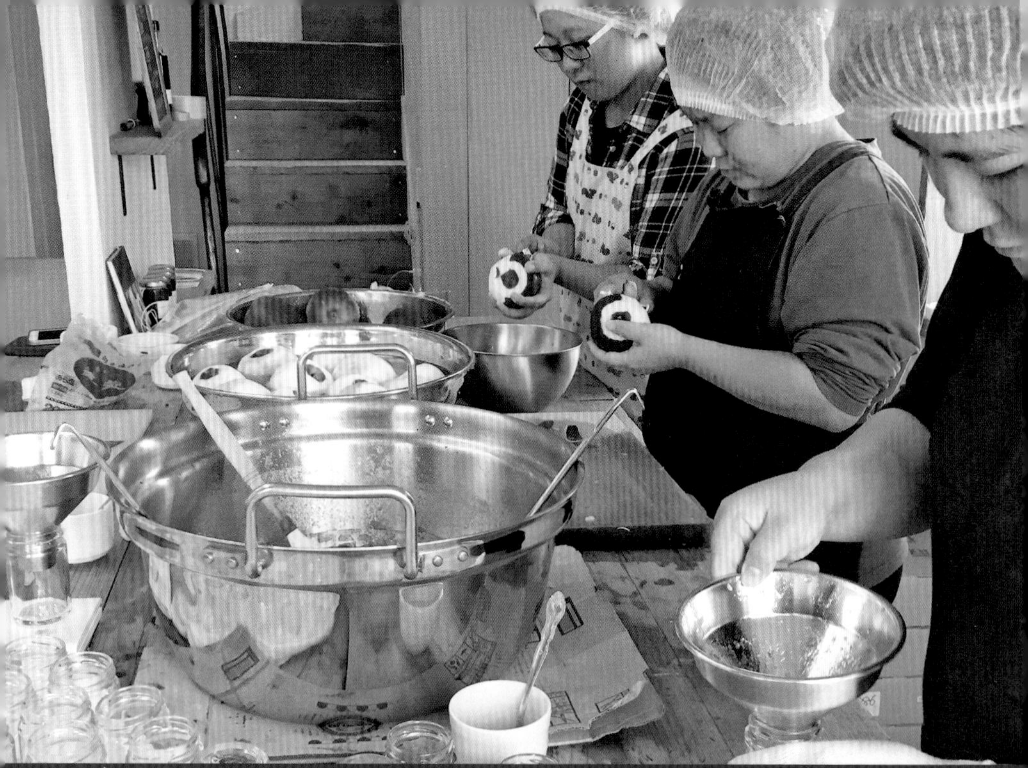

SDGs Initiative

Case 16 困難な状況にある人の自立を支援

アフターケア相談所 ゆずりは

施設退所後のアフターケア支援と
苦しさを抱える人へのさまざまなサポート

さまざまな事情で親と生活できず、児童養護施設などで育つ子どもは、“一定の学業”を修めると施設を出て自活しなければいけません。しかしまだ未成年。社会生活を送る中で困ったことがあっても、頼れる人が周りにおらずひとりで解決できない……。そのような状況にある人たちのアフターケア相談所として「ゆずりは」は開設されました。生きるうえで困難や苦しさを抱える人が安心してつながれるよう、相談・支援を行っています。

For SDGs
ゆずりはの取り組み

1 電話・メール相談と訪問型の支援

ゆずりはへの相談は、まずは電話やメールから。相談者数は年間300～400人で、電話・メールでのやり取りはのべ３万件にも及ぶ。来所して相談することがままならない状況の人が多く､スタッフが「会いにいく」支援を大切にしている。生活保護申請への付き添いや弁護士の紹介など、多様な支援資源を活用し、専門家と連携しながら、相談者に寄り添っていく。

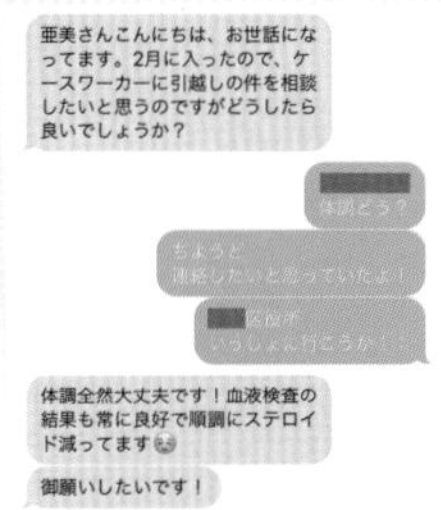

相談者との実際のメールのやり取り。役所への付き添いなども積極的に行う

2 来所型のスキルアップ就労支援と居場所支援

東京・国分寺にある相談所で、①スキルアップ就労支援や②居場所支援など、来所型のサポートを実施。①は、講師を招いて高卒認定資格試験のための無料学習会を開催するほか、相談所に併設された「ゆずりは工房」で､一般の就労が難しい人たちに働く場を提供し、ジャムづくりを行う。自分の働き方を見出し、働く喜びを感じられるよう、サポートしている。②は、だれでも気軽に参加できる「ゆずりはサロン」や無料夕食会を開いている。

定期的に開催される「ゆずりはサロン」は、だれでも自由に気軽に集える場

SDGs Message

生まれてきたことを否定し続けてきた人たちに「生きてきてくれてありがとう」と伝えたい。彼らと、ときには気持ちをぶつけ合いながら関係を育んでいます。苦しさを抱えながらも生きてきた人の姿からは勇気と希望をもらいます。それが別の人の力になる。そんな橋渡しをしていきたいですね。自分に正直に、楽しみながら続けていきます。

高橋 亜美
ゆずりは 所長

支援に終わりはなく、寄り添い続ける。心の中に芽生える安心を育むことで、自分も受け取るものがあるという高橋さん。相談者とのしなやかな関係性が素敵です。

Goal 17

実施手段を強化し、「持続可能な開発のためのグローバル・パートナーシップ」を活性化する

SDGsを達成するためには、各国政府、民間セクター、市民社会のパートナーシップが必要です。世界はかつてないほど結び付きを強めています。技術や知識の提供・運用の改善は、アイデアを共有し技術革新を促す重要な方法です。人間と地球を中心に据えた共通の目標にもとづく、だれをも受け入れるパートナーシップが、グローバル、地域、国、地方の各レベルで必要とされています。

参考：国連開発計画（UNDP）駐日代表事務所ウェブサイト、国連広報センター（UNIC）ウェブサイト

Facts & Figures（事実と数字）

- 先進国は、開発途上国からの輸入品の79%に関税をかけていない。
- 開発途上国の債務負担は、輸出収入の３%程度で安定している。
- アフリカのインターネット利用者は、過去４年間でほぼ２倍に増えた。
- 世界の若者の30%は、オンライン歴が少なくとも５年のデジタル・ネイティブ。
- しかし、40億人以上がインターネットを利用しておらず、その90%は開発途上地域の出身である。

出典：UN「Sustainable Development Goals」ウェブサイト（2020年6月23日時点）

2018年の正味ODA総額は1490億ドルと、対2017年で**2.7%減少**

2018年の後発開発途上国向け二国間ODA実質額は、対2017年で**3%減少**

2018年の対アフリカ援助額は対2017年で**4%減少**

先進国では**80%以上**の人々がインターネット利用可能

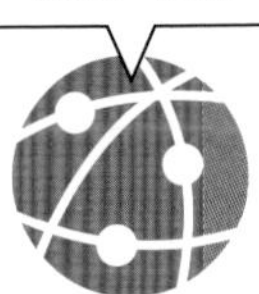

開発途上国ではその割合が**45%**

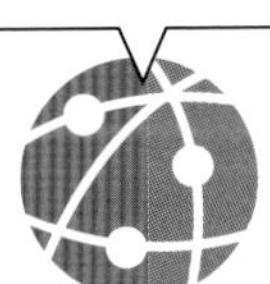

さらに後発開発途上国ではわずか**20%**

出典：UN「The Sustainable Development Goals Report 2019」

ゴール17のターゲット

資金

17.1 税金・その他の歳入を徴収する国内の能力を向上させるため、開発途上国への国際支援などを通じて、国内の資金調達を強化する。

17.2 開発途上国に対する政府開発援助（ODA）をGNI※比0.7%、後発開発途上国に対するODAをGNI比0.15～0.20%にするという目標を達成するとした多くの先進国による公約を含め、先進国はODAに関する公約を完全に実施する。ODA供与国は、少なくともGNI比0.20%のODAを後発開発途上国に供与するという目標の設定を検討するよう奨励される。

17.3 開発途上国のための追加的な資金を複数の財源から調達する。

17.4 必要に応じて、負債による資金調達、債務救済、債務再編などの促進を目的とした協調的な政策を通じ、開発途上国の長期的な債務の持続可能性の実現を支援し、債務リスクを軽減するために重債務貧困国（HIPC）の対外債務に対処する。

17.5 後発開発途上国のための投資促進枠組みを導入・実施する。

技術

17.6 科学技術イノベーション（STI）に関する南北協力や南南協力、地域的・国際的な三角協力、および科学技術イノベーションへのアクセスを強化する。国連レベルをはじめとする既存のメカニズム間の調整を改善することや、全世界的な技術促進メカニズムなどを通じて、相互に合意した条件で知識の共有を進める。

17.7 譲許的・特恵的条件を含め、相互に合意した有利な条件のもとで、開発途上国に対し、環境に配慮した技術の開発、移転、普及、拡散を促進する。

17.8 2017年までに、後発開発途上国のための技術バンクや科学技術イノベーション能力構築メカニズムの本格的な運用を開始し、実現技術、特に情報通信技術（ICT）の活用を強化する。

能力構築

「持続可能な開発目標（SDGs）」をすべて実施するための国家計画を支援するために、南北協力、南南協力、三角協力などを通じて、開発途上国における効果的で対象を絞った能力構築の実施に対する国際的な支援を強化する。

貿易

ドーハ・ラウンド（ドーハ開発アジェンダ=DDA）の交渉結果などを通じ、世界貿易機関（WTO）のもと、普遍的でルールにもとづいた、オープンで差別的でない、公平な多角的貿易体制を推進する。

2020年までに世界の輸出に占める後発開発途上国のシェアを倍にすることを特に視野に入れて、開発途上国の輸出を大幅に増やす。

世界貿易機関（WTO）の決定に矛盾しない形で、後発開発途上国からの輸入に対する特恵的な原産地規則が、透明・簡略的で、市場アクセスの円滑化に寄与するものであると保障することなどにより、すべての後発開発途上国に対し、永続的な無税・無枠の市場アクセスをタイムリーに導入する。

システム上の課題

政策・制度的整合性

政策協調や首尾一貫した政策などを通じて、世界的なマクロ経済の安定性を高める。

持続可能な開発のための政策の一貫性を強める。

貧困解消と持続可能な開発のための政策を確立・実施するために、各国が政策を決定する余地と各国のリーダーシップを尊重する。

※ GNI：Gross National Incomeの頭文字を取ったもので、居住者が1年間に国内外から受け取った所得の合計のこと。国民総所得。

マルチステークホルダー・パートナーシップ

17.16 すべての国々、特に開発途上国において「持続可能な開発目標（SDGs）」の達成を支援するために、知識、専門的知見、技術、資金源を動員・共有するマルチステークホルダー・パートナーシップによって補完される、「持続可能な開発のためのグローバル・パートナーシップ」を強化する 。

17.17 さまざまなパートナーシップの経験や資源戦略にもとづき、効果的な公的、官民、市民社会のパートナーシップを奨励し、推進する。

データ、モニタリング、説明責任

17.18 2020年までに、所得、ジェンダー、年齢、人種、民族、在留資格、障害、地理的位置、各国事情に関連するその他の特性によって細分類された、質が高くタイムリーで信頼性のあるデータを大幅に入手しやすくするために、後発開発途上国や小島嶼開発途上国を含む開発途上国に対する能力構築の支援を強化する。

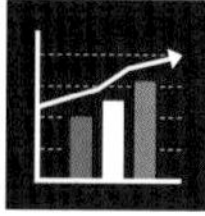

17.19 2030年までに、持続可能な開発の進捗状況を測る、GDPを補完する尺度の開発に向けた既存の取り組みをさらに強化し、開発途上国における統計に関する能力構築を支援する。

一般社団法人SDGs市民社会ネットワーク（SDGsジャパン）は、多様なセクターと連携してSDGs達成を目指している（→P.173）

SDGs Initiative

Case 17 市民の声で多様なセクターの連携強化

一般社団法人SDGs市民社会ネットワーク（SDGsジャパン）

■■■■

“取り残されがちな声”を聞き、発信し、SDGsの達成に貢献する

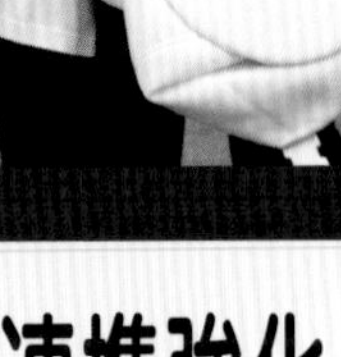

SDGs市民社会ネットワーク（SDGsジャパン）は、「SDGsの達成には市民の声が反映されることが不可欠」と考えるNGOやNPOなど、約130団体から構成される団体。「だれひとり取り残さない」というSDGsの理念を最優先に、市民社会の立場から政策提言活動に関わり、多様なセクターや日本の各地で活動している団体と連携し、SDGs達成のために活動しています。SDGsの達成はまた、“アフターコロナ”への変革の道筋をつくることでもあります。

For SDGs

SDGsジャパンの取り組み

1 SDGs推進円卓会議への参加

政府のSDGs推進本部が設置した「SDGs推進円卓会議」（→P.53）に、SDGsジャパンでも活動する３人が参加、市民社会の立場から政策提言を行ってきた。政府のアクションプランに対しては、SDGsジャパンとして、市民社会の知見にもとづく「ボトムアップ・アクションプラン」を作成、提出。2019年の「SDGs実施指針」改定の際には、多様な市民社会組織の経験と声が反映されるよう広く働きかけ、「ジェンダー平等の実現」が新たに優先課題に加わった。

「SDGs実施指針」の改定に向けて2019年9月に開催されたマルチステークホルダーによる会議

2 多様なセクターとの連携

SDGsジャパンでは、会員団体を中心に、環境、開発、障害、ジェンダー、防災、貧困・格差、ユース、地域、社会的責任、教育、国際保健といったSDGsに関わる重要テーマ別に事業ユニットを立ち上げ、活動を展開。政策提言に加え、企業、メディア、国連機関、大学・研究機関など、多様なセクターと連携し、「だれひとり取り残さない」SDGs達成に力を注いでいる。

福島のNPOが制作した会員バッジ。LNOBは「Leave No One Behind」（だれひとり取り残さない）の頭文字

SDGs Message

日本には、市民の声が政策に反映されにくい状況があります。取り残されがちな声、聞こえにくい声を聞き、政策に結び付け、「だれひとり取り残さない」公正で豊かで持続可能な社会の実現に貢献します。それは市民社会のボトムアップにもつながるはず。SDGsは、各地域でさまざまな団体が行う活動を結び付ける結節点です。

三輪 敦子
SDGsジャパン
共同代表理事

17人の変革者 ⑰

社会課題の解決に立ち上がる人や組織を支え、市民社会から声を上げ、さまざまなセクターをつなぎ、SDGs達成のカギを握る団体の輪を広げている三輪さん。

Chapter 5

お茶の間にSDGs

新型コロナウイルスの影響で外出自粛となっていた2020年5月のある日。神奈川県茅ヶ崎市の海はまるで南国のようなエメラルドグリーンになった。原因は、過去に前例がない植物プランクトンによる白潮の大発生だという。これも持続可能な社会に向けた海からのメッセージだと感じた

1 SDGsのキーアクションを考える

海からのメッセージ

2018年8月5日、神奈川県鎌倉市の由比ガ浜にシロナガスクジラの赤ちゃんが打ち上げられ、胃袋を調べると、少量のプラスチックごみが出てきました。世界ではプラごみに対するアクションが続々と発信されているのに、日本では特に大きな動きがなかったため、僕は神奈川県のSDGs推進担当の顧問として、黒岩知事に相談することにしました。

知事は、SDGs達成に向けて取り組もうと言っても、17ゴールもあり訴えかけが難しいけれど、今ならプラごみ問題をキーアクションとして働きかけられるのではないかと話されていました。そこで、打ち上げられたクジラの赤ちゃんを「海からのメッセージ」と受け止め、プラごみ問題に対する自治体初の“宣言”を出しましょうということになり、2018年9月4日、2030年までのできるだけ早い段階でプラごみをゼロにするという、県による「かながわプラごみゼロ宣言」を発表できたのです。

企業のイノベーションや生活者のライフスタイルの見直しなど、立場の違う人たちがひとつの大きなゴールに向かう連携を、SDGsは期待しています。「かながわプラごみゼロ宣言」は、神奈川県民の郷土愛に訴えて行動変容を促すSDGsのキーアクションなのです。そして、神奈川県民だけでなく多くの人にとって、自分が踏み出す一歩が“地球の健康”問題の解決につながると実感することができ、さまざまなSDGsのゴールにも関心をもって行動するきっかけになればと願っています。

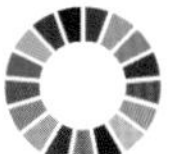

クジラが描かれた「かながわプラごみゼロ宣言」のロゴ

SDGs DIALOGUE

さかなクンとは何年も一緒に、イベントのステージで、自然の大切さやSDGsのことを伝えてきました。海への想いや自然との共生について、あらためて二人で語り合いました。

「ギョ感(五感)」で自然に触れ さまざまなつながりを考える

さかなクン

さかなクン ● 東京海洋大学名誉博士・客員准教授。2010年には、絶滅したと思われていたクニマスの生息確認に貢献。全国各地で講演活動を行うかたわら、NHK「ニュースシブ5時」「潜れ！さかなクン」などメディアに多数出演し、さまざまなお魚情報を届けている。

川廷　さかなクンは千葉県館山市にお住まいですが、身近な海についてどんなことを感じていますか？

さかなクン　はい。近年、海洋のさまざまなごみの問題が心配です。プラスチックごみを食べてしまう海の生き物も多いですし、捨てられた空き缶に産卵するお魚もいます。また、各海域の水温上昇で海の生き物の暮らしが大きく変わってしまっています。

川廷　そもそも大好きなお魚にいつでも会いたくて、神奈川県から館山へ引っ越したんですよね？

さかなクン　はい。房総半島にはすばらしい海がギョざいます。お魚好きになってからは、房総の親戚をよく訪ねるようになりました。タコに夢中になった小３の夏、どうしてもタコに会いたくて、いとこと何日間も近くの海で探し続け、やっと見つけてうれしさのあまり手を伸ばしたら、思いっきり吸い付く吸盤の力にびっくりしました。やっとこさバケツに入れて家に連れ帰ったのですが、気付くと体は真っ白になり、足がだらんとして息が絶えてしまいました……。命のはかなさを知りました。

川廷　僕は波乗りがしたくて湘南に暮らすようになりました。一度、大きな波にたたきつけられておぼれたことがあり、文字通り自然に対して畏敬の念をもつようになりました。自然にうまく合わせながら、共生していく。それを生活圏の海で学びました。

さかなクン　小さな頃から、見て・触れて・嗅いで・聞いて・味わっての「ギョ感（五感）」を存分に働かせて自然に親しむことが大切ですね。そうすれば心も豊かになって、家庭でもごみをちゃんと分別しなきゃとか、この食べ物はどこから来たんだろうとか、感受性をもって考えられるようになります。いちばん問題なのは無関心。自然の尊さ、普段食べているもののありがたさを実感すれば、気が付くことは多いと思います。

川廷　まさに“お茶の間にSDGs”ですね！ 地球に、自然に、人間は生かされている。さかなクンがお魚好きになったことから自分とお魚の間のつながりに目が行くようになったように、SDGsも、経済、社会、環境をひとつのつながりとしてとらえようとしている。それをあらためてみんなで考えようということを、さかなクンの話から実感できますね。

さかなクン　日本各地に伺いお魚の話をさせていただく講演会では、お魚の魅力はもちろん、海の生態系や海洋ごみの問題などをお伝えしています。また、食べ物への感謝、マイ水筒やマイはしなどを持つこと、ごみは決められた場所へ捨てることもお話ししています。20年ほど続けているため、小さな頃から通ってくれていたお子さんがなんと東京海洋大学に進学されて、ギョギョっとびっくり！ うれしいことも多いです。

川廷　SDGsは、自分たちが生活を変えなければもはや地球を維持できないという、国連の危機感から始まりました。さかなクンが言っていることはSDGsのメッセージそのものですね。難しく考えずに、子どもも大人も、それぞれに身近な自然から関心を広げていってほしいですね。

「自然が元気じゃないと人も元気になれない」と言うさかなクン。すべてつながっているのだ

2 SDGsを達成した姿とは

SDGsを教えてくれた南三陸町

宮城県の北東部に位置し、東日本大震災の津波で大きな被害を受けた南三陸町。僕が最初に訪れたきっかけは、2011年4月から取り組んでいた「グリーン復興プロジェクト」でした。「TEDxTohoku 2013」で一緒に登壇した、『こども東北学』著者の山内明美さんに南三陸の人々を紹介していただき、なかでも林業家の佐藤太一くんと意気投合しました。

太一くんと僕は、町有林を含む林業地をFSC®認証林（→P.160）にしようと、森林組合のみなさんと一緒に佐藤仁・南三陸町長に直談判しました。しかし、FSC認証だけでは市場評価につながりにくいので、山の“ものがたり”と“ものづくり”を付加価値として伝える「山さ、ございん※」プロジェクトを立ち上げることに。さらに、南三陸町産業振興課長（当時）の高橋一清さんとも何度となく語り合いました。ゆくゆくは、地場産業の魅力を多くの人に伝え、商品を買ってもらう「南三陸さ、ございん」を目指そうと。そこで、漁業で認証取得を目指していた、漁協の阿部富士夫さんや後藤清広さんとも行動を共にすることになりました。

このように、南三陸でさまざまな人たちと交流を深め、自然や伝統行事に触れる中で、僕はSDGsを深く考えられるようになりました。

※「ございん」は宮城県地方の方言で「いらっしゃい」「おいでなさい」という意味。

東日本大震災後に、南三陸の若者たちが復活させた荒島神社に奉納される本浜七福神舞。彼らの暮らしには、その土地で生きていくための知恵が詰まっている

SDGs DIALOGUE

持続可能な養殖業に与えられるASC認証（→P.141）を日本で初めて取得した南三陸町戸倉地区のカキ養殖。認証取得に一緒に取り組んできた後藤清広さんと語り合った。

「南三陸戸倉っこかき」に見るSDGs

川廷　戸倉地区カキ養殖のASC認証取得とその後の取り組みを共にしてきましたが、清広さんたちのドラマに僕はSDGsを見出しています。東日本大震災前の戸倉のカキ養殖は過密状態で、１年で育つはずが３年かかり、身は小さく値段も安かった。しかし津波ですべて流されたことで、カキの成育環境を考え、漁師として誇れる漁業を目指した。経験値や試験養殖結果をもとに、大変な議論を経て養殖いかだを３分の１に削減。すると１年でプリプリのおいしいカキができて、労働時間が減ったうえに、コミュニティは強固になり、売上も収益もアップしました。これは“改善”を超えた“改革”です。その原動力は何だったのですか？

後藤　震災前は従来のやり方を守るのに必死で、後退はだめだと思い込み、環境に配慮すべきだと頭で理解していても、なかなか変えられませんでした。それまで築いてきたもの、便利なものを手放すのが怖かったのでしょうね。それがすべて震災でなくなってしまったら、多少は不便でもみんなで助け合えば乗り越えられるとわかったのです。不便＝不幸ではないと。それが新しい生産方法に挑戦するきっかけになりました。

川廷　そこまでの状況になると、前を向くしかなかったのでしょうね。

後藤　そうですね。震災がなかったら過密養殖を続けていたかもしれません。そしていつか行き詰まっていたでしょう。持続可能な漁業とは、環境を保全し、規則を守り、仲間に配慮すること。これまでは一匹狼のようだった私たち漁師の生き方が、180度変わりました。当初は、養殖いかだを３分の１に減らしたら収入も３分の１になってしまうのではないかと不安だったのですが、ふたを開けてみたら生産量は倍になり、売上もアップ。カキの身が大きくなり殻が小さくなったので、作業効率も上がってコストは４割削減となりました。予想以上の成果でしたね。

川廷　それまでの生産方法を大きく変えるのは簡単ではなかったと思います。漁師さんたちを取りまとめるのは大変でしたね。

後藤　最初は反対意見もたくさんありました。けんかのような話し合いを100回ほど行いましたね。部会長として、みなさんの話を聞き、特に若い人の声に耳を傾け、「だれも置き去りにしない」ことを心がけました。

南三陸町戸倉地区でカキ養殖を営む後藤清広さん。宮城県漁業志津川支所戸倉出張所カキ部会の部会長を務め、ASC認証取得の中心的役割を果たした
©Masahiro Kawatei

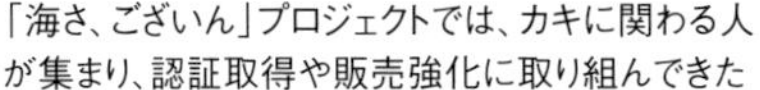

「海さ、ございん」プロジェクトでは、カキに関わる人が集まり、認証取得や販売強化に取り組んできた

「海さ、ございん」プロジェクトのメンバーと一緒に名付けた「南三陸戸倉っこかき」

川廷　すべての人に手を差し伸べる清広さんのリーダーシップそのものが、SDGsを体現していますね。

後藤　若い人の力を評価し、上の世代は後進に道を譲るよう促したところ、理解・納得が進むにつれ、みなさん協力的になっていきました。本音でぶつかり合ったことで人間関係が改善され、信頼や安心感が生まれたのです。若い漁師たちは水揚げ量が多く、がんばってくれています。

川廷　次世代のことを考え、一緒に行動する。これもSDGsですね。

後藤　実は、養殖いかだを減らして１年目はよい結果が出なかったのですが、「がんばる漁業復興支援事業」という国の助成を受けて３年間継続し、その後、2016年３月にASC認証を取得することができました。

川廷　やり方を変えて結果が出るまでの落ち込む期間をどう乗り越えるか。やはり官民連携は大事ですね。

後藤　漁業は長いスパンで考えるものなので、数年で成果が出たのはラッキーでした。おいしいカキを１年で生産するために技術を磨き、さらに品質を上げるために切磋琢磨するようになりましたし、そのほうがよいとわかったので、自発的に基準を守ってお互いのことを考えるようにもなりました。前の過密養殖に戻ろうと言う人はだれもいません。

川廷　トップダウンではなく、主体的にやってよい結果が出た。基準を守ったら成果が上がった。法令遵守や組織管理は、自分たちが幸せになるために主体的に取り組むものですね。

後藤　主体性はとても大事です。人任せではだめ。自分たちで決めてや

2016年にASC認証を取得した「南三陸戸倉っこかき」は、2019年度農林水産祭の水産部門で天皇杯を受賞した

れば、たとえ失敗しても納得がいきます。

川廷　環境に配慮した漁業を実施したら、正当な値段が付いて、地域が元気になり、人も生活も変わった。この好循環こそがSDGsを達成した姿ですね。環境・社会のことを考えて積極的・主体的に動けば経済的な結果がついてくるということを、「南三陸戸倉っこかき」が教えてくれました。

後藤　漁師は自然と向き合う仕事です。カキはまさに自然が生み出してくれる利益。次世代のためにも、よい環境を残したいと思っています。

川廷　次世代といえば、漁師をやめて就職した清広さんの息子さんが帰ってきて、一緒に漁をされているのですよね。カキ部会は、U・Iターンにより30代以下が３割を超えたと聞きました。これはSDGsのゴール11につながりますね。

後藤　息子たち若い漁師は楽しんで仕事をしています。彼らにとってはやりがいが重要。よいものをつくり、それが評価され、人に喜んでもらえる。そのことに誇りと生きがいを感じながら、がんばっていますね。

川廷　1日の労働時間も10時間から６時間になったのですよね。まさにゴール８。「南三陸戸倉っこかき」は、SDGsのゴール12・14はもちろん、ゴール８や11、さらには17のパートナーシップも当てはまる。このような好循環の成果を、そして「毎日が幸せだ」とおっしゃる清広さんのような人を、世界中に増やすことが、SDGs達成の姿だと思っています。

ともに持続可能なカキ養殖に励む後藤清広さん（右）と息子の伸弥さん

3 わたしの自治体の取り組み

自分のまちの施策を知る

神奈川県の顧問として県全体の政策を考えたり、南三陸町のようにご縁をいただいたところでまちづくりに取り組んだりする中で、さまざまな学びを得ながら“本気のSDGs”について常に考えています。一方、自分が住むまちでSDGsにどう向き合っていくのか。講演で「お茶の間にSDGs」と言いながら、自分が住む茅ヶ崎市の取り組みに住民として関わっていないのでは、本気度が足りません。

そんな矢先、茅ヶ崎青年会議所（JC）から相談を受け、「SDGsで一人ひとりが輝くまち」をテーマに「茅ヶ崎まちづくりフォーラム」を一緒に企画することに。2019年４月、200名を超える茅ヶ崎市民にSDGsについて講演する機会に恵まれました。来賓の佐藤光・茅ヶ崎市長にもご挨拶し、市長室でSDGsについて語り合いました。その後も茅ヶ崎市企画部のみなさんとSDGsへの取り組み方を相談し、2019年12月25日に市長から「茅ヶ崎市SDGs推進アドバイザー」を委嘱されました。

神奈川県茅ヶ崎市の自宅のある通りで見かける、マナー啓発のイラスト。この通りでは、同じイラストレーターの作品をたくさん見ることができ、歩くのが楽しい

茅ヶ崎市のSDGsを一緒に考えている佐藤光市長。次世代に重点を置いた施策や、SDGsの取り組みなどを踏まえて、佐藤市長の次世代に対する想いを伺いました。

地域の宝である次世代への想い

佐藤 光（さとう ひかる） 市長

さとう ひかる ● 神奈川県茅ヶ崎市生まれ。衆議院議員秘書を経て1999年より5期連続で神奈川県議会議員を務める。2017年、第110代神奈川県議会議長。2018年、「地域の宝、子育て支援策の強化」などのビジョンを掲げ、茅ヶ崎市長に当選。SDGsの取り組みに力を入れている。

川廷　「地域の宝、子育て支援策の強化」というビジョンを掲げていらっしゃるように、佐藤市長は地域の子どもたちを大切に考えておられます。茅ヶ崎市の具体的な施策としてはどのようなものがありますか？

佐藤　2018年1月に「茅ヶ崎市子どもの未来応援庁内連絡会議」を設置し、子どもの貧困対策をはじめとした総合的な支援を進めています。2019年6月には、生まれ育った環境に左右されることなく、すべての子どもが夢と希望をもって生きていくことを社会全体で支えるために「茅ヶ崎市子ども未来応援基金」を創設しました。また、子ども未来応援基金に賛同してくれる事業者に発注する入札制度も活用しています。

川廷　次世代のことを考えて仕事をする大人たちの姿を見て、子どもたちはまちのことを好きになり、自分もこのまちで仕事がしたいと思える。そんな好循環をつくっていきたいですね。次世代を大切にすることはSDGsの基本。茅ヶ崎市では2021年度からの次期総合計画にSDGsを紐付けていますが、SDGsを組み込もうと考えたのはなぜでしょうか？

佐藤　行政がSDGsにしっかり取り組むことで、市内の事業者を啓発できますし、総合計画に加えることにより、市民の理解を促していきたいと考えています。市民が自分ごとにできる総合計画を策定するため、市民の声をしっかり受け止め、市議会ともきちんと議論していきます。

川廷　SDGsの達成期限である2030年の茅ヶ崎は、どのようなまちになってほしいと思っていますか？

佐藤　子ども未来応援基金がなくても大丈夫な状況にしたいですね。また、人口減少カーブを少しでも緩やかにするため、生産年齢人口にとって魅力的な茅ヶ崎をつくっていきたい。仕事、医療、買い物、食事など、生活のすべてをまかなえるまちにしたいと考えています。

川廷　茅ヶ崎は地元の商店主さんや小規模農家さんが元気ですよね。地域らしい連携があり、地域らしいものが売られています。郷土愛にあふれた魅力的なまちは、魅力的な行政があってこそ、でしょうか。

佐藤　いいえ、まちをつくるのは行政ではなく人です。たとえば茅ヶ崎の海岸にはごみがほとんどありませんが、それは住民の意識が高いからだと思います。自分たちで考えて、よいと思うことを行動に移す。それが生活に根付いているのです。いわば「茅ヶ崎スピリット」ですね。

川廷　地域や住民のことをそのように考えて未来を語る市長がいる。それ自体が茅ヶ崎の魅力でもありますね。佐藤市長の原動力は何ですか？

佐藤　次世代のためによりよい未来をつくりたい、という想いです。SDGsも同じこと。茅ヶ崎青年会議所の会議で中学生がSDGsについてプレゼンテーションを行ったのですが、感動して思わず涙しました。「未来をよくしたい！」という純粋な想いに、スイッチが入りましたね。10年後は彼らが主役。次世代によいバトンを渡したいと思っています。

川廷　次世代が主役となる茅ヶ崎の10年後が楽しみです。これからも想いの共有をお願いします。

市長の想いを聞き、市民として、SDGs推進アドバイザーとして、足元の取り組みを共有し一体感をつくることが重要だと実感した

4 物語のある家を建てる

SDGsを実感した「人まかせにしない家づくり」

僕は国際森林認証のFSC®ジャパンのコミュニケーションアドバイザーとして、2013年からFSC認証システムの国内普及をサポートしています。その中で課題となっているのは国産材です。30を超える国内のFSC認証林から、生活者に届くのはわずか5%未満！ 山主がしっかり管理をして育てた認証材を出荷しても、流通のどこかが認証を取得していないと、山主に無断で伐採された盗伐木材などと一緒に加工されて市場に出てしまう可能性があるので、認証マーク（→P.141）は付かなくなるのです。

神奈川県茅ヶ崎市に建つ“物語のある家”。完成は2017年11月

そこで、FSC認証システムの国内普及のためにFSCジャパンが重視しているのが、小売店です。無垢の木材であれば美しいし香りもよいので、僕たち素人には違法伐採された木材と認証材の見分けがつきませんよね。だから、家具メーカーや工務店から認証材が安心だよと言ってもらうことが普及の後押しになると考えているのです。

そんな中、諸般の事情から

南三陸町の佐藤太一くんの山で行った「伐倒式」では、チェーンソーを使って伐倒に参加。この木は階段になった

なんと僕自身が家を建てることになったのです。普段「SDGsを活用して持続可能な社会に！」と言っている本人が、どこで切られたのかわからない木材で家を建てるわけにはいきません。そこで、地元材で家を建てる工務店を探してみると、近所の「ホームスイートホームメイド」という工務店が「人まかせにしない家づくり」をコンセプトに施主と二人三脚の家づくりを行っていたのです。早速相談したら、「FSC®のことは知りませんでしたが、大事なことだから勉強します」と言ってもらえて、僕の個人プロジェクトが始動しました。

まずは、僕に林業の本質をご教示くださった「速水林業」（→P.160）の速水亨さんに相談。日本で初めてFSC認証を取得した速水林業のヒノキを柱にするため、構造材を三重県松阪市のプレカット工場に発注しました。続いて相談したのは、東日本大震災後に被災地で初のFSC認証取得に一緒に取り組んだ、宮城県南三陸町の林業家、佐藤太一くん。潮風で育った南三陸杉は、僕が住む湘南の海辺に適しているので、外壁に使用することに。また、紅白の木肌が美しい材でもあるので、内装にも活用。まさに適材適所です。加工は、

家具も調達から考えて、ソファは、日本で唯一100％国産材の家具をつくる「WISE・WISE」に神奈川県小田原市のケヤキでつくってもらった

同じく南三陸町の「丸平木材」の小野寺邦夫さんに依頼しました。

そして、FSC®の取材などでご縁のある山梨県のカラマツを、水回りに使うことにしました。加工は、これもご縁のある千葉県木更津市の「ティー・エス・シー」に依頼。いずれも流通側でFSC認証を取得しているので、僕の手元にはFSC材として届きます。そのほかのFSC認証材ではない部材は、産地証明をもらって調達を進めました。

一方、こんな家づくりをしているとFacebookで伝え、友人たちに壁塗りの協力を呼びかけたら、なんと55人（子ども含む）と1匹（ワンちゃん）が集まってくれたのです。作業の様子はFMヨコハマに生中継してもらいました。マスキング、パテ塗り、漆喰塗りの工程をすべて自分たちの手で仕上げた壁は、とても個性的で、こっちはあの家族が、あっちはあの人が、とみんなの笑顔が浮かんできます。漆喰には、本来なら廃棄されるホタテの殻を粉にして漆喰に混ぜた「ほたて漆喰」を使用しました。

そして、FSCグローバルの本部に申請したプロジェクト認証（部分認証）も無事に取得でき、新築戸建てでは日本初のFSCプロジェクト認証の家となりました。この家づくりの経験から、SDGsは、自分の暮らしでさまざまな挑戦をしてこそ本質が見えてくるという実感をもつようになり、毎日使う電力から買い物まで、できる限り「SDGsライフ」を目指して行動するようになりました。こうしてSDGsが"自分ごと"になり、腹に落ちてきたのです。

Certificate of Registration

This is to certify that

Mr. Masahiro Kawatei's House by Home Sweet Home Made

"the certified project" has been certified in accordance with the requirements of the Forest Stewardship Council® A.C. Project Certification Standard FSC-STD-40-006 using the Soil Association Certification chain of custody standard RT-PRO-001 for Partial Project certification and that Mr. Masahiro Kawatei's House by Home Sweet Home Made of

1-17-18, Higashikaigan-Minami, Chigasaki-shi, Kanagawa, 253-0054, JAPAN

is hereby licensed to use the FSC® Logo to promote the Partial Project certification
Decorative sheathing roof boards, decorative verge boards, floor boards, exterior walls, ceiling boards, stairs step boards, counters for dining kitchen, hand and face washing, bookshelf
A description of the products or services that are included in the scope of the certificate are available on info.fsc.org or may be obtained from Soil Association Certification on request

Certificate Registration Code:	**SA-PRO-005999**
Issued By:	Soil Association Certification Limited South Plaza, Marlborough Street Bristol, BS1 3NX United Kingdom
Issue Date:	**10 November 2017 (Reissued on 28/11/17 due to new product added)**
Signed on behalf of Soil Association Certification	Kevin Jones, Head of Forestry

FSC®の認定証。新築戸建てでは日本初となるFSCプロジェクト認証（部分認証）を取得した

SDGs Key Player 5

末吉里花（すえよしりか）さん

一般社団法人エシカル協会
代表理事

すえよし りか●TBS系「日立 世界ふしぎ発見！」のミステリーハンターとして世界各地を旅した経験をもつ。エシカル消費の普及を目指し、日本全国の自治体や企業、教育機関で講演を重ねている。著書に『はじめてのエシカル』『じゅんびはいいかい？ 名もなきこざるとエシカルな冒険』（ともに山川出版社）など。

なぜSDGsに注目したのですか？

2017年頃から、「エシカル消費とSDGsの関係について教えてほしい」という声が増えたこともあり、それ以来SDGsの話も積極的に取り入れるようになりました。17のゴールは相互につながっており、エシカル消費を通じてすべてのゴールの達成に寄与できます。特別なことをしなくても、毎日の消費行動や買い物をする際に少しでもエシカルな選択を心がけることで、SDGsに貢献できるのです。日々の暮らしの中で実行できるアクションなので、どんな人にもSDGsを身近に感じてもらえるのではないでしょうか。

末吉さんにとってSDGsとは何ですか？

エシカル消費について考えるときに、SDGsを使うと多角的な視点でとらえることができます。いろいろな側面から考える目を養うことができ、さまざまな気付きを与えてくれるのがSDGsですね。世界の課題は複雑に絡み合っていて、ルービックキューブのように全面をそろえるのは簡単ではありません。でも、包括的な視点で、みんなが足りないところをお互い補い合いながら取り組めば、解決できるのです。1人の100歩よりも100人の1歩のほうが世界を変える。全世界の人が1歩を踏み出せば、ルービックキューブはそろうはずです。

私たちは全員が消費者。一個人として暮らしを見つめ直し、解決の一部になれるよう行動していきましょう！

Chapter 6

次世代のためのSDGs

「SDGs全国フォーラム2019」（→P.60）には中高一貫校の生徒たちも登壇。次世代から力強いメッセージをもらった

だいぶSDGsが身近になってきました。よりよい未来をつくるためのSDGs。それを担う次世代の役割は重要ですよね。

SDGsはまさに次世代のためのもの。未来に向けた希望と僕の決意も込めて、SDGsの本質についてお話ししましょう。

1 「きれいごと」で勝負する

義務教育にもSDGs

2020年の4月からは小学校、2021年の4月からは中学校で、SDGsが授業に導入されます。義務教育にもSDGs、つまり次世代にとってSDGsは標準装備ということです。義務教育にSDGsが装備されるということは、単にSDGsが教科書に記述されるだけではなく、家庭はもちろん地域社会もSDGsを意識して行動することを意味すると思います。

たとえば「食」について考えてみましょう。アメリカ・バークレーで始まった「エディブル・エデュケーション」のように、日本でも学校に「食育菜園」をつくり、コミュニティの拠点にする取り組みが行われています(→P.86)。また、都市生活でのベランダ菜園や、近所の人たちと空き地を耕しての野菜づくりなどは、食を通した顔の見えるコミュニティ形成、健康増進、生ゴミの堆肥化による循環型の暮らしにもつながり、非常事態に備えるだけでなく、日常がちょっと楽しくなるもの。持続可能でレジリエントな（＝しなやかな）新しいライフスタイルと言えますね。僕も、庭でささやかな菜園を始めて、生ゴミの堆肥化から楽しんでいます。

これまでの教育は、生産性を高めることによる経済成長を目的とし、金勘定の上手な子どもを育てることに偏っていたのではないでしょうか。これからは、生きるために必要な経済成長を考えられるように、人間を大切にする人文学によって、子どもたちの多様な可能性を引き出すことも大切だと、SDGsが教えてくれることでしょう。

神奈川県茅ヶ崎市にある、食と農に触れるコミュニティ「Edible Park 茅ヶ崎」

「きれいごと」で勝負できる社会をつくる

1992年の地球サミット（→P.15）で、12歳のセバン・スズキさんは「どうやって直すのかわからないものを壊し続けるのはもうやめてください。子どもを愛しているならどうか行動してください」と大人にお願いをしました。しかし2019年の国連気候サミットで、16歳のグレタ・トゥーンベリさんは「あなたたちは私たちを失望させています。若者はあなたたちの裏切りに気付き始めています」と、大人を許さないという厳しいスピーチを行いました。大人へのお願いと、大人に対する非難。この2つのスピーチの対比を、27年もの間、大人は何もしてこなかったと言われていると、僕は受け止めています。未来のためにこんなに純粋な言葉を投げかけてくれた次世代を、もうこれ以上、裏切るわけにはいきません。

僕は自分への反省を込めて、講演や取材など、どこででもだれにでも、このように呼びかけています。「忖度や無関心があふれる恥ずかしい社会は終わりにしましょう。そして『きれいごと』で勝負できる社会をつくりましょう。『きれいごと』はこれまで、とりつくろったり、からかったりするときに使われてきましたが、これからは使い方を変えましょう。僕も以前は、勇気がなくて世間に忖度した行動をしていました。しかし、これからは未来のために行動することが『きれいごと』です。SDGsのアイコンに書かれた言葉を『きれいごと』だとからかえますか？ 日本語を変革しましょう。そして未来のため、社会のため、だれかのため、何より自分のために、『きれいごと』で行動していきましょう」。

次世代にどんな時代を渡すのか？ 今を生き延びるだけでバトンを渡すのではなく、少しでもよい未来に向けた努力をしたうえでバトンを渡したいですね。

次世代からのメッセージ

SDGsはがんばる心を支えてくれます。そして一緒に行動する仲間を見つける助けになります。僕もSDGsのおかげでずいぶんと仲間が増えました。それも、とても若い仲間たちと出会えるようになったのです。

僕がプロデュースして神奈川県で開催された「SDGs全国フォーラム2019」(→P.60)。内閣府特命担当大臣から自治体のトップ、企業の方々、市民社会の大人たちのステージを終え、最後のプログラムで、中高一貫教育校の生徒たちに来てもらって、次世代からのメッセージとして授業でSDGsに取り組んでいることをステージで報告してもらいました。それを受けて僕が取りまとめのスピーチをする予定だったのですが、リーダーである男子高校生が、「もうひと言いいですか？」とマイクを持ってこう話しました。「この会場にいる大人のみなさん。私たちと一緒にSDGsに取り組んでいきましょう！」会場は拍手に包まれ、僕は何も話す必要はなくなりました。世代を超えた協働を呼びかけてくれた、次世代からのメッセージ。最高のエンディングでした。

別のセミナーでは、「大人が私たちのアイデアを本気で聞いてくれるのかわかりません。どうしたらよいですか？」と、壇上にいた僕は会場の女子高校生から質問されました。自分たちが社会人ではないからだというので、僕は、学生・社会人という線引きをした大人のひとりとして謝りました。そして「僕は今の仕事をするようになってから、学校を卒業して『社会に出る』という言葉が大嫌いになりました。学生も社会を構成する大切な一員で、意見は対等だと思うのです。だから大人たちに話をしてみてください。そしてみなさんがどの大人を信じられるか選んでください」と伝えました。

未来のために変革を起こすには、純粋な発想こそが大切。年齢に関係なく、対等に意見を交わせる社会にしていきたい。むしろ大人たちには、純粋だった自分を思い起こさせてくれるストレートな言葉が必要！ですよね。そんな若い仲間たちの言葉を紹介しましょう。

Messages from the

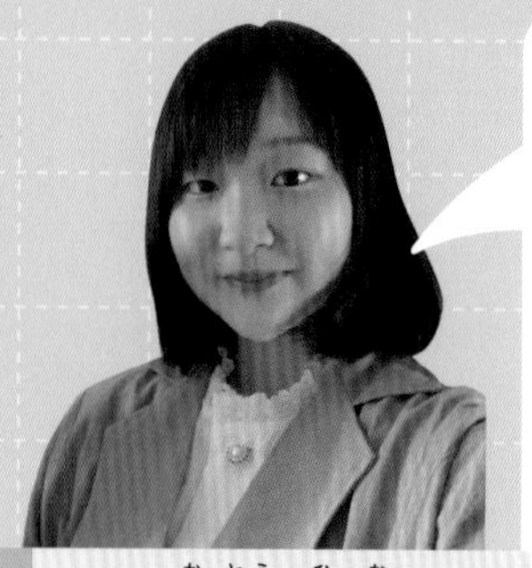

加藤(かとう) 陽菜(ひな)
2004年生まれ

私が望む未来は、だれもが笑顔になれる世の中です。人と人のつながりが笑顔を生むと考えているので、人とたくさん関わること、自分からとにかく行動すること、毎日をていねいに生きて１日の振り返りをすることを心がけています。世界の諸問題も、多くの人がつながることで多方面からアプローチできます。つまり、SDGsゴール17のパートナーシップです。私にとってSDGsは責任であり、その達成は生きがい。必ず実現しなければならない夢だと思っています。

僕は、地元・茅ヶ崎市にある雄三通りのSDGs化を通して、生活レベルでのSDGsの浸透を目指しています。パン屋さんでの容器持参によるエコ値引きや、喫茶店でのステンレスストローの導入、花屋さんでの花用エコバッグの作成などを提案し、実施していただいています。多くの人が環境に関心を向け、エコな行動を実践する。そんな未来を期待しています。自分の活動を紐付けし、世界で同じような活動をしている人々とつながることができるのが、SDGsの醍醐味ですね。

金丸(かなまる) 泰山(たいざん)
2004年生まれ

工藤(くどう) 颯莉(そより)
2003年生まれ

2030年以降の地球、そして私たちとその後に続くすべての世代に本気で向き合うために生まれた“約束”、それがSDGsだと考えています。2030年には、単に17のゴールが達成されるだけでなく、それが達成されて当然な“地球全体のコミュニティ”が築かれていることを期待しています。国籍や人種、政治などにとらわれず、世界中のだれもが声を上げ協力し合えるコミュニティ。それは、2030年以降も理想の地球を維持するためのプラットフォームとなるでしょう。

Next Generation

SDGsは私の人生における出会いのきっかけです。SDGsを通じて、世代に関係なくさまざまな人に出会い、信頼し合える仲間もできました。多様な考えに触れられたことは自分の宝です。2030年までに環境破壊や異常気象に歯止めをかけるため、ごみを分別する、レジ袋を使用しないなど、身近なところから行動し、さらに自分の強みを生かしてSDGsの普及に取り組んでいきます。SDGsは、どんな非常事態にも太刀打ちできる強い社会をつくり上げるための指標です。

田中 楽人（たなか らくと）
2002年生まれ

須藤 あまね（すどう）
2000年生まれ

日々、「共生／共に生きるとは何か」という問いを胸に、2030年とその先の未来を目指し、机上の学びと地域や社会などで得られる現場の学びをリンクさせ、行動しています。2030年に、すべての人がそれぞれのワクワク・ドキドキを感じられるよう、今をつくり未来につなげる社会の担い手でありたいです。予想どおりにいかない社会を生きる私たちだからこそ、この“わからなさ”を強みにして、新たな道へつながる扉を、SDGsという17個の鍵で一緒に開きましょう！

私にとってSDGsは“社会課題をカテゴライズするための座標軸”であり、行動変革のために社会とつながる“パスポート”です。行動変革を促すために、私は動画でSDGsの言語化・自分ごと化を試みています。SDGsを自分なりに解釈し、文字や映像、絵画や歌などで表現する。その小さな意見表明が私のアクションです。2020年は「行動の10年」（→P.204）のスタート年。すべての人がSDGsを再解釈し、意識を変革して、できることに取り組むのが、持続可能な社会への第一歩です。

入江 遥斗（いりえ はると）
2001年生まれ

2 SDGsの本質とは

SDGsをいかに使いこなすか

誤解を恐れずに言うと、僕は「SDGsをやるぞ！」と呼びかけているのではありません。みなさんが自分の「志」を多くの人と共有できるように、SDGsの17ゴールを、まずは紐付けやタグ付けをするツールとして活用しましょうと言っているのです。でも、いつまでもこの紐付けやタグ付けだけをしていては、よいことをやっているフリをしていると言われても仕方がないですね。だから、SDGsの期限である2030年に、どんな社会にしたいのか、どんな自分でありたいのか、を考えてみる。他人ごとではなく、自分ごとですね。SDGsを使い、未来を考えて行動することは、2030年に「どんな自分でありたいか」を考えることでもあります。さすがに10年後の自分はなかなか見えないかもしれません。でも、よい状態の自分でありたいですよね。よい社会にもしたい。今は、どんな社会や自分をイメージできるか、ということでよいと思います。

では、なぜ、わざわざSDGsを使うのでしょうか。それは、SDGsはどこのだれとでも共有できるコミュニケーション・ツールだから、ですよね。国連が発信してくれた、全世界の企業、投資家、仲間、家族、子どもたちと、立場も国境も超えて共有できるツール。生きていく勇気を分かち合えるツール。１から17の数字だけでも、どこかの国の子どもと会話ができる。今までこんな便利なツールがあったでしょうか？

もう一歩、踏み込んでみましょう。17ゴールはテーマとも言えます。貧困、教育、気候変動など、17ゴールはすべてテーマでもあるのです。そこで17ゴールの中のターゲットを読んでみましょう。169あるターゲットには、どこかの国の何らかの事柄が書かれています。この本では、みなさんが理解しやすいように、「SDGsとターゲット新訳」を制作して掲載しました（→P.75）。どのターゲットも自分にはあまり関係ないと思うかもしれませんが、地域や自分たちとつながる物語があります。

たとえばゴール2「飢餓をゼロに」のターゲット2.4は、農業について書かれています（→P.84）。これを、安定した食料生産のしくみを確保することによって飢餓をなくせるかもしれないととらえ、自分たちの地域や企業で取り組めることに置き換えてみると、どこに住んでいても、どんな立場であっても、だれもが小さな変革を起こせるヒントになります。つまり、今に生きる現在世代は、コミュニケーション・ツールとしてのSDGsを「いかに使いこなすか」を未来世代から問われている。これが、僕がこの本を通して伝えたいSDGsの本質なのです。

僕はこの本をきっかけに「SDGsとターゲット新訳」の制作を考えましたが、みなさんが国連文書の169ターゲット英語原文や「新訳」を参考にして、自身の生活エリアや活動エリアの課題解決のために、169ターゲットを独自に解釈して別版をつくってもよいと思っています。

SDGsの「D」が意味するのは「Human Development」だ

SDGsの「S」はSustainable。具体的ではありませんが、「持続可能な」という意味です。「G」はGoal。2030年に目指すべき世界や自分の生き方、目標です。では「D」は何でしょう？ Development。「開発」という意味ですが、何の開発か？ 都市開発や地域開発、それはだれがするのか？ 人間ですね。

国連開発計画（UNDP）危機局長の岡井朝子さんと朝日新聞の企画で対談した際に確信したのは、SDGsの「D」は「Human Development」のDだということ。直訳すると「人間開発」です。動詞のDevelopは「開封する、解き放つ」という意味で、反対語のEnvelopは「封印する」。つまり、一人ひとりの才能、センス、可能性を引き出すことが「Human Development」で、SDGsの「D」はこれだと思ったのです。

だれもが格差なく可能性を発揮できる、安心で安全な家庭や地域や国のしくみをつくる。これは、UNDPが1990年から発行している「Human Development Report（人間開発報告書）」で1994年に提唱した言葉である、「Human Security（人間の安全保障）」とも言えるでしょう。

僕の大切な友人で、人間開発報告書の現在の主幹であるUNDPのペドロ・コンセイソン人間開発報告室長は、「大学に通ったり、ブロードバンドに接続したりといった、これまで『あればそれに越したことはないもの』が、成功にとって重要となる一方で、基本的なものしか与えられていない人々は、将来へのはしごをはずされてしまったと感じています」と言い、経済成長だけではない指標で各国の前進を可視化するための作業を進めています。人間を「資本」と考え教育を「投資」ととらえるのは、人間を経済成長の手段として考えているとされ、一方で「人間開発」は、経済成長を手段として人間の生活を豊かにすることだと言われています。

20世紀の課題であった基本的な格差は、極度の貧困を減らすことで前進したと言われていますが、現在は気候危機や新型ウイルス感染症などによって社会基盤が揺るがされ、さらに人種差別による“命の格差”も明るみに出て、対策が急務であることを日本でも実感しています。SDGsの「D」を「人間開発」ととらえ、「人間の安全保障」を前提にSDGsの多様な視点を活用しなければ、次世代によいバトンを渡せません。

僕にとってのSDGs

SDGsを使いこなすということは、僕が住むまちや故郷、ご縁のあるまちで、多くの人たちと本質を考えて行動し、社会的な立場を活用して、国内外の人々とよい影響を与え合うようにコミュニケーションすることです。それが、広告会社に勤める者としての社会的責任だけでなく、かけがえのない命を授かったひとりの人間としての責任だと考えて行動しています。だから「SDGsとは何ですか？」と聞かれたらこう答えます。「SDGsは僕の人生の羅針盤であり、未来をつくる道具です」と。

SDGs Key Player 6

さんとうりょぶん
山藤旅聞さん

新渡戸文化小中高等学校教諭・学校デザイナー
未来教育デザインConfeito共同設立者

さんとう りょぶん●2004年に都立高校で生物の教員となり、2019年より現職。2017年に「未来教育デザインConfeito」を立ち上げ、SDGsを取り入れた教育デザインやプロジェクトづくりについて出前授業や講演を行う。共著に『未来を変える目標 SDGsアイデアブック』(一般社団法人Think the Earth、2018年)など。

なぜSDGsに注目したのですか?

生物の教員として「できるだけわかりやすい授業をしよう」と思っていた僕は、「国の未来のために学ぶ」と言い切るブータンの生徒と出会って、考えが大きく変わりました。目指す大学や職業がゴールではありません。「何のために学ぶか」を語れるようになるための教育でないといけないと思い、一時期ひたすら学校の外に出ていろいろな人の話を聞きに行きました。その中で出会ったのがSDGsです。「何のために学ぶか」という問いに答えるには、自分ごととして社会や地球を感じる力、未来を考える力が必要です。多くの人が共感する未来を示すSDGsは、そうした力を育むための“問い”です。

山藤さんにとってSDGsとは何ですか?

生徒と大人が対等になるための“問い”です。SDGsは、目標と時間軸は設定されていますが、手法は提示されていません。達成の方法はだれも教えることができないのです。生徒たちのアイデアが社会を変える突破口になるかもしれません。それは彼らにとって、社会の中の自分を実感するきっかけになります。大切なのは、生徒たちの「もっと知りたい」を引き出し、彼らのやりたいことを大人がサポートすること。どんな未来にしたいかを生徒と大人が共有すると、自然とプロジェクトが立ち上がり、生徒たちは主体的に動きます。SDGsは、未来をつくる教育をデザインするためのツールでもあるのです。

3 私たち一人ひとりが主役の時代へ

「行動の10年」をデザインする

国連は2020～2030年を「行動の10年」と名付け、2019年９月のSDGsサミット政治宣言「持続可能な開発のための10年の行動及び実行に向けて」で、国内の実施強化、統合された解決策への体制強化などを呼びかけています。そして、2019年12月に決定した日本の「SDGs実施指針改定版」の広報・啓発には次のようにあります（P.55から抜粋）。

- 広報・啓発活動の強化、認知度向上と行動の促進、拡大、加速化
- "Japan SDGs Action Platform" のさらなる活用

従来であれば政府による普及啓発事業が行われると考えがちですが、SDGsは主体性が期待されています。僕は上記を踏まえて、どんな母体が渦の中心となって多くの人を巻き込んでいくのか、思いを巡らせました。そして、新しい市民社会ムーブメントを民間からつくり出すためのしくみが必要だと考え、動き始めました。

もうひとつの動きがありました。黒岩知事の国連本部でのスピーチ（→P.66）をきっかけに、2019年８月に国連開発計画（UNDP）と神奈川県がSDGs推進に向けた相互協力を表明するためのSOI（Statement of Intent）、いわゆる連携趣意書を締結し、アジア初開催となる「SDGsアクションフェスティバル」の開催が決定したのです。

この２つの動きを、民間主導で官民連携による「行動の10年」の主幹事業にすることができないだろうか。この考えを、さまざまな人たちと議論して意見をいただき、支援を受け、しくみと体制を整えました。それが「ジャパンSDGsアクション推進協議会」です。

「行動の10年」のロゴ

ジャパンSDGsアクションの主役

「ジャパンSDGsアクション推進協議会」は、政府、自治体、企業、教育界、市民社会、ユース団体からの男性８名、女性７名の計15名で構成され、次の活動目的を掲げています。

> 「SDGsアクションフェスティバル」に向けて、官民のあらゆるステークホルダーの参画のもと、日本におけるSDGsのさらなる認知拡大と、国連が提唱するSDGs達成に向けた「行動の10年」として具体的な行動に移す取り組みを、「ジャパンSDGsアクション」として、一体感をもって推進することを目的とする。

具体的には、2020年7月にウェブサイト「10年後の未来をつくるノート」を立ち上げ、推進協議会だけでなく全国でSDGsに取り組む人々が渦の中心となり、それをつなぎ合わせる場所がウェブサイトやソーシャルメディアになっていくことを期待しています。個人や団体の主体性によって支えられる新しいムーブメントの広げ方を、走りながら考えていくものになると思います。

「思います」と言うのは、僕たちはきっかけをつくることはできましたが、これを継続して広げていく知恵や方法、そして行動は、この本を読んでくださったあなたの手に委ねられているからです。

「ジャパンSDGsアクション」のロゴ

だれもが主役となり、SDGsという“未来をつくる道具”を使いこなして、私たちの求める未来をつくっていきましょう！

おもな参考文献・資料、参考ウェブサイト

※順不同／重複するものは割愛

Chapter 1

- 外務省仮訳「我々の世界を変革する：持続可能な開発のための2030アジェンダ」
- United Nations "Transforming our world: the 2030 Agenda for Sustainable Development"
- D.H.メドウズほか 著『成長の限界　ローマ・クラブ「人類の危機」レポート』（ダイヤモンド社、1972年）
- 国際連合広報局 著『国際連合の基礎知識 第42版』（関西学院大学総合政策学部、2018年）
- 外務省「JAPAN SDGs Action Platform」 https://www.mofa.go.jp/mofaj/gaiko/oda/sdgs/index.html

Chapter 2

- グローバル・コンパクト・ネットワーク・ジャパン（GCNJ） http://www.ungcjn.org/
- 年金積立金管理運用独立行政法人（GPIF） https://www.gpif.go.jp/
- 大野正英 著「『三方よし』の由来とその現代的意味」（『日本経営倫理学会誌』第19号、2012年）
- 末永國紀 著「近江商人中村治兵衛宗岸の『書置』と『家訓』について　－『三方よし』の原典考証」（『同志社商学』第50巻、1999年）
- 二宮尊徳 口述、福住正兄 筆記、村松敬司 編著『二宮翁夜話』（日本経営合理化協会出版局、1995年）
- 福住正兄 原著、佐々井典比古 訳注『二宮翁夜話』（致知出版社、2018年）
- 渋沢栄一 著『論語と算盤』（国書刊行会、1985年）
- 末吉里花 著『はじめてのエシカル　人、自然、未来にやさしい暮らしかた』（山川出版社、2016年）

Chapter 3

- 首相官邸「SDGs推進本部」 https://www.kantei.go.jp/jp/singi/sdgs/
- 内閣府「地方創生SDGs官民連携プラットフォーム」 http://future-city.jp/platform/
- 神奈川県「かながわのSDGs（持続可能な開発目標）への取組み」 https://www.pref.kanagawa.jp/docs/bs5/sdgs/2030.html

Chapter 4

- United Nations "Sustainable Development Goals" https://www.un.org/sustainabledevelopment/
- 国連広報センター「2030アジェンダ」 https://www.unic.or.jp/activities/economic_social_development/sustainable_development/2030agenda/
- 国連開発計画（UNDP）駐日代表事務所「持続可能な開発目標」 https://www.jp.undp.org/content/tokyo/ja/home/sustainable-development-goals.html
- 一般社団法人Think the Earth 編著、蟹江憲史 監修『未来を変える目標　SDGsアイデアブック』（紀伊國屋書店、2018年）
- asobot inc. 編『SDGs手帳』（asobot inc.、2019年）

Chapter 6

- マーサ・C・ヌスバウム 著、小沢自然・小野正嗣 訳『経済成長がすべてか？　デモクラシーが人文学を必要とする理由』（岩波書店、2013年）
- 国連開発計画（UNDP）駐日代表事務所「人間開発報告書」 https://www.jp.undp.org/content/tokyo/ja/home/library/human_development/human_development1.html
- 永吉敬太 著「人間開発論の変遷とその重要性について」（『地域経済政策研究』9号、2008年）

制作協力

※順不同

国際連合（United Nations）
国連広報センター（UNIC）
一般社団法人グローバル・コンパクト・ネットワーク・ジャパン（GCNJ）
The New Division
特定非営利活動法人アフリカ日本協議会
報徳博物館
深谷市役所 渋沢栄一政策推進課
特定非営利活動法人日本森林管理協議会（FSC®ジャパン）
ASC（水産養殖管理協議会）ジャパン
MSC（海洋管理協議会）日本事務所
認定NPO法人フェアトレード・ラベル・ジャパン
オーガニックテキスタイル世界基準（GOTS）
レインフォレスト・アライアンス
SDGs-SWY

Special thanks to：根本かおるさん、日下部祐子さん、国連広報センターのみなさん、
太田裕子さん、山口健太郎さん、神奈川県SDGs推進課のみなさん、
水野雅弘さん、上田壮一さん、石田一郎さん

著者あとがき

1995年、阪神・淡路大震災で被災しタンスの下敷きになりました。このとき、「生かされた」と感じ、与えられた命を使い切ろうと考えたことが、今の僕の行動のエネルギーとなっています。そして、多くの方々の支えがあって今の自分があります。その恩返しは次世代にと考えて行動していますが、同時に親としての責任を果たすという思いも重なります。この本は、自分にできることをがんばっているすべての人を応援したいという気持ちで書きました。きっとSDGsは、社会的な立場で思いを形にすることと、個人的な願いを形にすることをひとつにしてくれます。

出版の機会をいただいた方々に、そして出版に際してご協力くださったみなさまに、心から感謝いたします。

著者
川廷昌弘（かわてい まさひろ）

1963年兵庫県芦屋市生まれ。1986年株式会社博報堂入社。1998年にテレビ番組「情熱大陸」の立ち上げに関わる。2005年に始まった地球温暖化防止国民運動「チーム・マイナス6%」でメディアコンテンツを統括。現在は博報堂DYホールディングスグループ広報・IR室CSRグループ推進担当部長としてSDGsを推進。神奈川県非常勤顧問（SDGs推進担当）、茅ヶ崎市、鎌倉市、小田原市のSDGs推進アドバイザー、グローバル・コンパクト・ネットワーク・ジャパン（GCNJ）のSDGsタスクフォース・リーダー、慶應義塾大学SFC研究所 xSDG・ラボのアドバイザーなど委嘱多数。公益社団法人日本写真家協会会員の写真家でもあり、写真集『一年後の桜』（蒼穹舎）、『芦屋桜』（ブックエンド）、『白杭の季節』（Ricochet）を出版している。

編集協力	小島まき子、石川瑞子（株式会社アーク・コミュニケーションズ）、井筒和幸 辻美智代（有限会社エレメネッツ）、長沼明子、籔智子、岡田香絵、陶木友治
写真撮影	川廷昌弘、田村裕未（アーク・フォト・ワークス）
イラスト	山崎真理子
校正	株式会社円水社
本文デザイン	川尻裕美（有限会社エルグ）
カバーデザイン	伊藤裕平（株式会社博報堂）、増田裕介（株式会社スパイス） Christina Rüegg Grässli（The New Division）
編集担当	小髙真梨（ナツメ出版企画株式会社）

ナツメ社Webサイト
http://www.natsume.co.jp
書籍の最新情報（正誤情報を含む）はナツメ社Webサイトをご覧ください。

未来（みらい）をつくる道具（どうぐ） わたしたちのSDGs（エスディージーズ）

2020年10月1日　初版発行

著　者　川廷昌弘（かわていまさひろ）
発行者　田村正隆
発行所　株式会社ナツメ社
東京都千代田区神田神保町1-52　ナツメ社ビル1F（〒101-0051）
電話　03（3291）1257（代表）　FAX　03（3291）5761
振替　00130-1-58661
制　作　ナツメ出版企画株式会社
東京都千代田区神田神保町1-52　ナツメ社ビル3F（〒101-0051）
電話　03（3295）3921（代表）
印刷所　図書印刷株式会社

ISBN978-4-8163-6897-4
Printed in Japan